ZIOŁA
NA TALERZU

75 PYSZNYCH **PRZEPISÓW**
I **15** AROMATYCZNYCH **HISTORII**

Edipresse Polska SA
ul. Wiejska 19
00-480 Warszawa

Dyrektor ds. książek: Iga Rembiszewska
Redaktor inicjujący: Natalia Gowin
Produkcja: Klaudia Lis
Marketing i promocja: Renata Bogiel-Mikołajczyk, Beata Gontarska
Digital i projekty specjalne: Katarzyna Domańska
Dystrybucja i sprzedaż: Izabela Łazicka (tel. 22 584 23 51), Barbara Tekiel (tel. 22 584 25 73),
Andrzej Kosiński (tel. 22 584 24 43)

Redakcja: Zofia Rokita
Korekta: Ewa Mościcka, Edytorial.com.pl Izabela Jesiołowska
Projekt okładki: Samar Khanafer
Projekt makiety, skład i łamanie: Grajczak Studio
Zdjęcia i stylizacja potraw: Anna Mastalerz i Kamil Roszczyk
Zdjęcia gości: Monika Walecka s. 26, 40, 54, 82, 96, 110, 124, 152, 166
194, 208; Aneta Flis s. 12; Robert Magdziak s. 180; Natalia Michalec s. 68, Zofia Cudny s. 138
Zdjęcia ziół: Anna Mastalerz i Kamil Roszczyk, Dominika Piwowar s. 221-222, 235;
Shutterstock s. 38-39, 52-53, 66-67, 80-81, 94-95, 108-109, 150-151, 205-206

Książka została przygotowana przy współpracy z marką

Baziółka

EDIPRESSE
KSIĄŻKI

Biuro Obsługi Klienta
www.hitsalonik.pl
mail: bok@edipresse.pl
tel.: 22 584 22 22
(pon.-pt. w godz. 8:00-17:00)
www.facebook.com/edipresseksiazki
www.instagram.com/edipresseksiazki

Druk i oprawa: Legra, Kraków
Książkę wydrukowano na papierze
Magno volium 115 g vol. 1.08
wyprodukowanym przez Sappi Europe SA

ISBN 978-83-8117-322-3

ZIOŁA NA TALERZU

75 PYSZNYCH **PRZEPISÓW**
I **15** AROMATYCZNYCH **HISTORII**

WSTĘP

Świeże zioła to zdrowe życie. Dlatego od lat inspirujemy Polaków do kulinarnych przygód z nowymi smakami i zapachami. Edukujemy, tworzymy przepisy i zachęcamy do ciągłych poszukiwań potraw, w których zioła rozwijają cały swój potencjał.

Ta książka to kolejny etap naszej misji. Wraz z grupą utalentowanych kucharzy i blogerów prezentujemy właściwości prozdrowotne i smakowe aż piętnastu ziół. Każdemu towarzyszy świeża, barwna i pełna życia historia ludzi, którzy – tak jak my – zakochali się w aromacie tych wyjątkowych roślin. Dowiecie się, jak brak sympatii do anyżu Tomasz Jakubiak przekształcił w uwielbienie tajskiej bazylii. Jak wyglądało pierwsze spotkanie Mai Sobczak z gorącym rozmarynem. Może poczujecie miętę do mięty podobnie jak Daria Ładocha, a zapach majeranku rozbudzi patriotyczne uczucia tak jak u Grzegorza Łapanowskiego. Tylko tutaj przeczytacie historię smaku według Marty Dymek, w której lubczyk odegrał jedną z głównych ról. Historii ujętych w formie felietonu jest tyle, ile ziół, a więc piętnaście. Każdy z autorów podzielił się z nami swoim ulubionym przepisem, w którym pierwsze skrzypce grają świeże zioła. Dodatkowo dorzucamy garść informacji o prozdrowotnych właściwościach ziół, opracowaną przez dietetyk Violę Urban. Tą książką pragniemy rozbudzić w Was ciekawość i chęć odkrywania niezwykłych smaków.

O tych aromatycznych roślinach moglibyśmy opowiadać bez końca. W tym miejscu powiemy tylko, dlaczego polecamy świeże zioła zamiast tych suszonych. Przede wszystkim dlatego że świeże zioła mają większą wartość odżywczą, a także lepiej smakują i pachną. Dodatkowo substancje o cennym działniu antyoksydacyjnym są bardziej aktywne w świeżych listkach. Zachęcamy Was więc do zakładania zielonych ogródków na kuchennym parapecie czy balkonie i korzystania z dobrodziejstw świeżych ziół. Dla zdrowia i smaku!

Wystarczy skompletować wybrany zestaw i mieć w domu własny, gotowy zielnik, i to niezależnie od pory roku. A pielęgnacja świeżych ziół jest dziecinnie prosta – do tego nie trzeba bynajmniej mieć natury ogrodnika. Pomyślcie tylko: świeże zioła na wyciągnięcie ręki, ile chcecie i kiedy chcecie. Zapachy kuchni z najdalszych zakątków świata i te znane Wam z dzieciństwa. Rozmaryn i tymianek pachną południową Francją, a kolendra i bazylia tajska – daleką Azją. Lubczyk swoim aromatem przywołuje wspomnienie najlepszego rosołu, a ulubiony deser pięknie wygląda i smakuje ze świeżym listkiem mięty...

Gotuj, ozdabiaj, ciesz się zapachem i smakiem świeżych ziół. Ale ostrzegamy – świeże zioła są uzależniające :) Na zdrowie!

Wojciech Kozłowski
Baziółka

BAZYLIA

Najlepsze połączenia:

WARZYWA
POMIDORY • CHILI • OGÓREK • CUKINIA • KOPER WŁOSKI • GROSZEK • SZPINAK • PAPRYKA

OWOCE
POMARAŃCZA • ANANAS • ARBUZ

MIĘSA/RYBY
DRÓB • WIEPRZOWINA • KRÓLIK • ŁOSOŚ • OKOŃ MORSKI • SKORUPIAKI • KREWETKI

NABIAŁ
SERY: FETA, KOZI, MOZZARELLA, PARMEZAN, PECORINO, RICOTTA • ŚMIETANA • LODY • JAJA

INNE
OLIWA

MARIETA MARECKA / BAZYLIA

JEDYNA W SWOIM RODZAJU

Jedne zioła kocham mniej, inne bardziej, ale trudno mi sobie wyobrazić jakiekolwiek moje danie bez chociażby listka aromatycznej zieleniny.

Jakież mamy wielkie szczęście od kilku dobrych lat, że na półkach sklepowych, na naszych parapetach, balkonach i w ogrodach zagościły świeże zioła! Nie wiem, jak wy, ale ja bardzo to doceniam, bo jestem wielką miłośniczką ziół wszelakich, podchodzę do nich wręcz – nie boję się użyć tego stwierdzenia – lekko maniakalnie.

Czasami do jednego warzywa, prócz soli i pieprzu, wystarczy dodać kolendrę, odrobinę mocnego tymianku, żywicznego rozmarynu, rześkiej mięty czy kwiatowej szałwii, by na naszym stole stanęło proste, acz doskonałe danie.

Większość moich nastoletnich podrygów między patelniami przeistaczała się w dania przyprawione jedyną dostępną ziołową przyprawą, czyli suszonym majerankiem i świeżą pietruszką. Nie miałam wtedy pojęcia, jak wiele jeszcze przede mną. I nagle bum! Pojawiła się bazylia! Jej delikatne, aromatyczne listki zupełnie nie przypominały w smaku bazylii suszonej. Zaczęłam się nią zajadać w towarzystwie pomidorów i mozzarelli, czyli klasycznie. Lekkie, słoneczne danie, skropione odrobiną dobrej oliwy, do tego sól i świeżo mielony pieprz. Niby takie nic, a do dziś wspominam to jako wstrząsające do granic przeżycie kulinarne.

Serwuję dziś danie z bazylią, tą moją na zawsze pierwszą, niezapomnianą, jedyną w swoim rodzaju. Tą, która rozkochała mnie do granic we wszystkim, co zielone. Delikatne mięso z udek kurczaka z dodatkiem pleśniowego sera, do którego bazylia pasuje wybitnie. A całość w towarzystwie delikatnego, muślinowego kremu z zapomnianej trochę brukwi, której orzechowy smak tworzy z bazylią genialny duet. Wypróbujcie koniecznie magiczny, winny, esencjonalny sos z malinami. A do ciepłej sałatki z cykorii, topinamburu z pomarańczami koniecznie dodajcie kilka listków świeżego tymianku – oszalejecie, gwarantuję! Cieszcie się życiem usłanym ziołami i unikajcie ograniczeń, tak jak ja.

ROLADKA DROBIOWA Z PURÉE BAZYLIOWO--BRUKWIOWYM

ROLADKA:
4 filety z podudzia kurczaka
8 dużych listków bazylii
2 kawałki sera gorgonzola (ok. 1,5 x 7 cm)
sól, pieprz
olej

PURÉE:
5 gałązek bazylii
2 łyżki oliwy
½ małego korzenia brukwi (ok. 170 g)
2 średniej wielkości ziemniaki (ok. 160 g)
sól
1 łyżka masła
szczypta cukru

SOS:
3 szalotki
1 duży ząbek czosnku
1½ szklanki czerwonego, wytrawnego wina
3 czubate łyżki masła
1 łyżka suszonych malin (mogą być mrożone lub świeże)
1 łyżeczka miodu

Dwa udka kurczaka rozłóż na desce do krojenia (układaj tak, by lekko nachodziły na siebie), przykryj folią spożywczą i lekko ubij tłuczkiem. Przypraw solą i pieprzem (z obu stron). Na środek połóż po 4 listki bazylii i na każdym kawałek sera. Zwiń w roladkę, ściśle owijając ją folią spożywczą. Na końcach mocno ściśnij i roluj. Końce folii zawiń pod spod i owiń kolejnym kawałkiem folii. Pozostałe dwa filety z udek przygotuj identycznie. Przygotowane roladki włóż do wrzątku i gotuj 15-18 minut. Brukiew i ziemniaki obierz i pokrój w dużą kostkę. Zagotuj wodę w rondlu i wrzucaj do niej ziemniaki, po 5 minutach dorzuć brukiew. Dopraw solą i szczyptą cukru. Gotuj aż warzywa będą bardzo miękkie. W moździerzu utrzyj 5 gałązek bazylii wraz ze szczyptą soli, zieloną pastę skrop łyżką oliwy i odstaw na później. Szalotkę i czosnek pokrój w plastry, podgrzej łyżkę masła w rondlu i krótko podsmaż szalotkę i czosnek. Kiedy warzywa zmiękną, dolej wino, dodaj miód i maliny. Gotuj, aż część płynu odparuje. Wyławiaj z wody roladki, odcinaj końce folii i przesmażaj je na rozgrzanym oleju na rumiano z każdej strony. Ugotowane ziemniaki i brukiew odsącz, dodaj łyżkę masła, zieloną, bazyliową pastę i utrzyj na purée. Do odparowanego sosu dodaj po małym kawałku zimnego masła i rozetrzyj je dokładnie, aż się rozpuści, następnie dodaj kolejny kawałek. Sos powinien zgęstnieć i zrobić się aksamitny. Na talerzu układaj porcję purée, przecięte pod skosem na pół roladki. Całość ozdób sosem winno-maślanym.

MAKARON Z PIECZONĄ PAPRYKĄ I DOMOWYM ZIOŁOWYM PESTO

2 porcje ulubionego makaronu
1½ papryki
2 pęczki bazylii
½ pęczka oregano
1½ łyżki soku z cytryny
2 cm papryczki chili
ser długodojrzewający
oliwa
sól i pieprz
szczypta cukru
1 ząbek czosnku
olej do pieczenia

Paprykę umyj i pokrój w cienkie plastry. Połóż na papierze do pieczenia. Skrop olejem, posyp solą i pieprzem. Piecz w temp. 200°C, aż lekko sczernieje i zmięknie. W mikserze umieść bazylię i oregano. Dodaj 1½ łyżki startego sera, sok z cytryny, obrany czosnek, sól, pieprz i chili. Dolej tyle oliwy, aby pesto miało konsystencję gęstego sosu. Do gotującego się makaronu dodaj ½ łyżki soli. Makaron podawaj z domowym pesto, świeżą bazylią, oregano, startym serem długodojrzewającym i papryką.

SAŁATA Z POMIDORAMI, ZIELONĄ I CZERWONĄ BAZYLIĄ, CZERWONĄ CEBULĄ, KAPARAMI I PORWANYM CHLEBEM

kilka listków czerwonej bazylii
garść zielonej bazylii
½ czerwonej cebuli średniej wielkości
1–2 łyżki kaparów
2 duże pomidory albo 2 garści pomidorków koktajlowych
1–2 kromki ulubionego pieczywa
2 ząbki czosnku
2 łyżki octu balsamicznego
6–8 łyżek oleju lnianego
sól i pieprz (do smaku)

Pomidory umyj i osusz. W słoiku umieść olej, ocet, czosnek przeciśnięty przez praskę, szczyptę soli i pieprzu. Zakręć słoik i mocno nim potrząśnij, aby składniki się połączyły. Do miski wrzuć liście bazylii i kapary, pomidory pokrojone w nieregularne kawałki i cebulę pokrojoną w piórka. Zalej sosem. Dodaj porwany chleb i delikatnie zamieszaj. Jedz od razu.

czerwona bazylia
bazylia
WYPRODUKOWANO
BEZ UŻYCIA PESTYCYDÓW
Baziółka
ba
zy
lia

bazylia

MUFFINY
Z BAZYLIĄ

½ drobno posiekanego pęczka bazylii
2 małe marchewki (starte na tarce o drobnych oczkach)
ok. 100 ml mleka owsianego
90 g oleju kokosowego o płynnej konsystencji
½ łyżeczki zmielonego kardamonu
skórka otarta z 1 pomarańczy
½ tabliczki gorzkiej czekolady (posiekanej na nieregularne, małe kawałki)
100 g cukru
250 g mąki orkiszowej
1 łyżeczka sody oczyszczonej
2 łyżeczki proszku do pieczenia
2 jajka
szczypta soli
cukier puder (do posypania)

Do miski włóż wszystkie mokre składniki. Wymieszaj. Dodaj wszystkie suche i połącz całość w jednolitą masę. Piekarnik (z termoobiegiem) nagrzej do 180°C. Ciasto nałóż do papilotek i piecz przez 20–25 minut (aż patyczek do testu będzie czysty). Wystudź muffiny i posyp cukrem pudrem.

ZUPA MINESTRONE

4 średniej wielkości ziemniaki
1 cebula
1 mały por
3 ząbki czosnku
2–3 łyżki masła klarowanego
2 garści obranej i pokrojonej w kostkę dyni
100 g fasolki szparagowej
2 garści groszku zielonego
1 puszka pomidorów
½ pęczka bazylii
sól i pieprz (do smaku)
1 płaska łyżeczka papryki wędzonej
½ łyżeczki słodkiej papryki
1 l bulionu warzywnego

SOS PISTOU:
½ pęczka bazylii
garść oregano
garść pietruszki
½ ząbka czosnku
25 g startego parmezanu
25 ml oliwy
sól i pieprz (do smaku)

DODATKOWO:
pieczywo

W garnku rozgrzej masło klarowane i podsmaż przez chwilę czosnek, cebulę i pora, pokrojone w małą kostkę. Obierz ziemniaki i dynię. Pokrój w nieregularne kawałki. Podsmaż przez chwilę w garnku. Wlej bulion i pomidory. Przykryj pokrywką i gotuj, aż warzywa lekko zmiękną. Dodaj fasolkę i groszek. Wrzuć bazylię razem z łodygami. Gotuj, aż wszystkie warzywa zmiękną. Dopraw solą, pieprzem, wędzoną i słodką papryką. W blenderze umieść wszystkie składniki do sosu i zmiksuj na gładką konsystencję. Zupę podawaj polaną sosem, posypaną świeżymi ziołami, z pieczywem.

BAZYLIA
TAJSKA

Najlepsze połączenia:

WARZYWA
TRAWA CYTRYNOWA
• CHILI • OGÓRKI
• MARCHEWKA

OWOCE
LIMONKA • POMARAŃCZE
• MANGO • PAPAJA

MIĘSA/RYBY
KREWETKI • WOŁOWINA • DRÓB

NABIAŁ
JAJKA

INNE
MLEKO KOKOSOWE
• SEZAM • FISTASZKI
• PASTA CURRY

TOMEK JAKUBIAK / BAZYLIA TAJSKA

NIE MOŻESZ BYĆ OBOJĘTNY

Można ją porównać do sytuacji z teściową, z czego zawsze się śmieję: albo ją kochasz, albo jej nienawidzisz, a jeśli będziesz wobec niej obojętny, to na pewno namiesza ci w życiu :)

A tak na poważnie, bazylia tajska to zioło, które w kuchni rozwiązało mi bardzo duży problem, jakim jest moja niespecjalna miłość do anyżu. Tak mocną przyprawę ciężko jest zastąpić i w daniu, i w głowie. Bazylia tajska podołała jednak temu wyzwaniu. Jej anyżowy smak jest delikatny, a ponadto odświeżający. Można ją dodawać do każdej potrawy, w której smak anyżu jest dosyć istotny, jak tajska sałatka, wołowina z czarnym pieprzem czy polskie zrazy.

PRZEPIS **TOMKA JAKUBIAKA**

CHRUPIĄCA PITA Z KURCZAKIEM, BAZYLIĄ TAJSKĄ, MAJONEZEM, WASABI I POMIDOREM

4 szt. pieczywa pita, okrągłego lub podłużnego
1 pierś z kurczaka
suche przyprawy do marynaty (po łyżeczce): kmin rzymski, papryka słodka
sól, pieprz, cynamon
1 łyżka oliwy
½ doniczki bazylii tajskiej
2 czerwone cebule
6 łyżek majonezu
1 łyżka wasabi z tubki
sól i pieprz
2 łyżki soku z limonki
2 pomidory malinowe
1 łyżka soku z limonki
sól i pieprz
¼ pęczka świeżej kolendry

Pierś z kurczaka pokrój w kostkę i wrzuć do miski. Suche przyprawy zmiksuj z oliwą i bazylią tajską. W marynacie dokładnie wymieszaj kurczaka i odstaw na minimum godzinę. Potem go usmaż.
Cebulę pokrój w cieniutkie piórka i wymieszaj z posiekaną resztą bazylii.
Majonez wymieszaj z wasabi i sokiem z limonki. Dopraw solą i pieprzem.
Pomidory pokrój w drobną kostkę i wymieszaj z sokiem z limonki i posiekaną kolendrą. Dopraw solą i pieprzem.
Pitę lekko natrzyj wodą i obsmaż na suchej patelni, aż lekko spuchnie. Rozetnij ją i wsadź warstwowo wszystkie dodatki.

ZUPA TAJSKA Z KOLENDRĄ I BAZYLIĄ TAJSKĄ

1 pęczek kolendry
1 pęczek bazylii tajskiej
200 g ulubionych kiełków
1 marchewka pokrojona w julienne
1 korzeń kolendry
1 łyżka stołowa drobno pokrojonej trawy cytrynowej
4 liście kafiru
400 ml mleczka kokosowego
600 ml bulionu warzywnego
400 g piersi z kurczaka
2 łyżki galangalu pokrojonego w cienkie paski
sok z 1 limonki
2 łyżki sosu sojowego
1 łyżka pasty z papryczek chili
1 pęczek rzodkiewek
400 g makaronu ryżowego
jajka (jedno jajko na porcję)
sezam (do posypania)
olej (do smażenia)

W dużym garnku podgrzej bulion z mleczkiem kokosowym, dodaj trawę cytrynową, korzeń kolendry, galangal i liście kafiru. Kiedy się zagotuje, dodaj pastę z papryczek i sos sojowy. Zmniejsz ogień i gotuj przez 40–60 minut, pod koniec gotowania wlej sok z limonki. Ugotuj makaron, według instrukcji na opakowaniu. Kiedy będzie gotowy, przelej go zimną wodą i odstaw na bok. Marchewkę pokrój w julienne, a rzodkiewki w cienkie plasterki. Umieść warzywa w lodowatej wodzie. Ugotuj jajka na miękko. Pierś z kurczaka pokrój w kawałki i krótko podsmaż na patelni. Sposób podania: najpierw nałóż na talerz makaron, marchewkę, rzodkiewkę, kurczaka i jajko, potem wlej zupę, na wierzch połóż kolendrę, bazylię, kiełki i obsyp sezamem.

WEGAŃSKI MAKARON RYŻOWY Z TOFU, SZALOTKĄ, KIEŁKAMI, BAZYLIĄ TAJSKĄ I MIĘTĄ

ok. 200 g makaronu ryżowego
2 szalotki
2 ząbki czosnku
2 łyżki tamaryndowca
1½ łyżeczki startego korzenia imbiru
180 g tofu
12 łyżek sosu sojowego
1 łyżeczka pasty chili
garść orzechów ziemnych
6–7 łyżek oleju ryżowego
½ garści bazylii tajskiej
½ garści mięty
garść kolendry
sok z 1 limonki
garść kiełków fasoli mung

Tofu pokrój w kostkę. Kolendrę posiekaj. Tofu wrzuć do miski, dodaj kolendrę, imbir, sos sojowy, pastę z tamaryndowca i pastę chili. Zamieszaj i odstaw na bok na czas przygotowywania dania. Szalotkę pokrój w piórka, a czosnek w cienkie plastry. Makaron ugotuj według instrukcji na opakowaniu. Na patelni rozgrzej olej. Wrzuć szalotkę i czosnek. Podsmaż przez chwilę. Dodaj tofu z marynatą. Smaż, aż tofu się zarumieni. Pod koniec smażenia dodaj ugotowany makaron. Smaż przez 2 minuty, co jakiś czas mieszając, aby sos pokrył cały makaron. Orzechy podpraż na suchej patelni, aż się ładnie zarumienią. Do makaronu dodaj listki bazylii tajskiej i miętę. Makaron podawaj z orzechami i kiełkami. Całość skrop sokiem z limonki.

tajska bazy

RYŻ Z MANGO I BAZYLIĄ TAJSKĄ

100 g ryżu jaśminowego
garść bazylii tajskiej
15–20 łyżek pulpy z mango (bez dodatku cukru)
4 łyżki ksylitolu lub brązowego cukru
500 ml mleczka kokosowego
1 łyżeczka pasty waniliowej
szczypta soli
⅕ papryczki chili
sok z ½ limonki
2 łyżeczki nasion chia
2 łyżki płatków kokosowych

Ryż wypłucz w zimnej wodzie i odcedź. W garnku podgrzej mleczko kokosowe z pastą waniliową, ksylitolem i szczyptą soli. Kiedy mleko będzie gorące, wsyp ryż. Gotuj, aż ryż stanie się miękki. Przełóż go do słoiczków, dodaj mango, bazylię, posyp nasionami chia i drobno pokrojoną papryczką, skrop sokiem z limonki i posyp płatkami kokosowymi.

tajska baz

MŁODE ZIEMNIAKI PIECZONE Z FASOLKĄ I GROSZKIEM, PODAWANE Z PESTO Z BAZYLII TAJSKIEJ

10 sztuk małych ziemniaków
1 łyżka papryki słodkiej
1 łyżka papryki wędzonej
1 łyżka kurkumy
garść groszku
garść fasolki
kilka plastrów szynki parmeńskiej
pęczek bazylii tajskiej
½ pęczka bazylii
olej rzepakowy
sok z ½ cytryny
1 ząbek czosnku
1 łyżka tahini
1 łyżeczka musztardy
sól i pieprz do smaku

Ziemniaki umyj. Wrzuć do gotującej, osolonej wody. Gotuj przez ok. 10 minut. Przecedź i przełóż do foremki do pieczenia, dodaj przyprawy, skrop olejem i wmasuj w ziemniaki. Piecz przez 30 minut w temperaturze 220°C. Po tym czasie dodaj fasolkę i groszek. Wymieszaj delikatnie i piecz jeszcze przez kolejne 15 minut. W tym czasie przygotuj pesto. Do miksera wrzuć musztardę, tahini, odrobinę oleju, czosnek, sok z cytryny i obie bazylie. Stopniowo dolewaj olej, aby uzyskać konsystencję gęstego sosu. Dopraw solą i pieprzem. Pod koniec pieczenia do warzyw dodaj szynkę i piecz, aż się ładnie zarumieni. Warzywa i mięso podawaj z pesto.

KOLENDRA

Najlepsze połączenia:

WARZYWA
MARCHEWKA • CHILI • KOPER WŁOSKI • OGÓREK • IMBIR • POMIDORY • DYNIA • BATATY

OWOCE
POMARAŃCZE • GRUSZKI • GRANAT • AWOKADO

MIĘSA/RYBY
WOŁOWINA • JAGNIĘCINA • WIEPRZOWINA • KIEŁBASY • ŁOSOŚ • SKORUPIAKI • BIAŁE RYBY

INNE
ANYŻ • GOŹDZIKI • KUMIN • CIECIERZYCA • MLEKO KOKOSOWE • GRZYBY • RYŻ

SAMAR KHANAFER / KOLENDRA

JEDNI JĄ KOCHAJĄ, INNI JEJ NIENAWIDZĄ

Kolendra to moje ulubione zioło! Kuzynka natki pietruszki o zdecydowanie bardziej wyrazistym smaku, przez co jedni ją kochają, inni jej nienawidzą. Odznacza się cytrusowo-ziemistą nutą, jest gorzkawo-słodkawa i ma bardzo delikatną strukturę, dlatego warto dodawać ją na sam koniec gotowania lub do dań zimnych. Ma tak szeroki wachlarz smakowych możliwości, że jest ceniona przez niemal wszystkie kuchnie świata, od meksykańskiej aż po bliskowschodnią i głęboką Azję.

Genialnie temperuje smak potraw słonych, tłustych oraz ostrych. Idealnie współgra z jagnięciną, kurczakiem i wołowiną. To doskonały dodatek do ryb i owoców morza. Bardzo lubi towarzystwo warzyw, od ziemniaków po kalafiora, pomidory czy awokado. Natomiast rumieńców dodaje takim owocom jak arbuz, ananas, melon, kokos, pomarańcza, grejpfrut czy mango. Warto ją też łączyć z czosnkiem, chili, kolendrą w nasionach czy kminem rzymskim.

Uwielbiam kolendrę w postaci pesto z orzechami piniowymi i orzeźwiającej lemoniady z pomarańczą. Pieczony, lekko orzechowy smak kalafiora, pestki granatu i kolendra to tercet idealny, a ryba pieczona w sezamowym sosie z odrobiną kolendrowo-miętowego pesto to danie, które zaskoczy każdego. Nawet klasyczny rosół z kilkoma kroplami cytryny, szczyptą chili i świeżą kolendrą nabiera niezwykłego smaku i aromatu.

DORSZ W KOLENDROWYM PESTO Z MIĘTOWYM PURÉE ZIEMNIACZANYM

1 duży pęczek kolendry
⅓ pęczka mięty
2 ząbki czosnku
⅓ szklanki podprażonych orzechów piniowych
1 zielone chili (bez pestek)
½ łyżeczki ziaren kolendry
½ łyżeczki ziaren kminu
½ szklanki oliwy z oliwek
½ łyżeczki soli

2 kawałki polędwicy z dorsza* (15–20 dag/porcja)
2 łyżeczki podprażonych orzechów piniowych
1 kg ziemniaków
200 g jogurtu naturalnego
oliwa z oliwek
sok z 1 cytryny
⅓ pęczka mięty
1 ząbek czosnku

Zacznij od przygotowania kolendrowego pesto. Zblenduj umytą kolendrę, miętę wraz z obranym czosnkiem, chili, solą, orzechami piniowymi i podprażonymi ziarnami kolendry oraz kminu. W czasie blendowania dodaj oliwę z oliwek.
Ziemniaki ugotuj w lekko osolonej wodzie, a następnie ubij je z przeciśniętym przez praskę czosnkiem, jogurtem oraz sokiem z cytryny. Oliwę z oliwek dodawaj, aż do uzyskania idealnie gładkiego i kremowego purée. W zależności od rodzaju ziemniaka, gęstości jogurtu oraz ilości soku z cytryny, oliwy zawsze trzeba dolewać trochę mniej lub więcej, dlatego w przepisie nie znajdziesz konkretnej ilości. Na sam koniec dodaj posiekaną drobno miętę i dopraw do smaku solą i pieprzem.
Piekarnik nagrzej do 200°C. Rybę osusz ręcznikiem papierowym, delikatnie posól i piecz na papierze do pieczenia przez 10 minut. Następnie posmaruj pesto i piecz przez kolejnych 5 minut.
Upieczoną rybę podawaj od razu po upieczeniu z porcją purée. Całość posyp podprażonymi orzechami piniowymi.

* W tym przepisie możesz użyć dowolnej ryby morskiej o białym mięsie.

AZJATYCKI MAKARON Z MIĘTĄ, KOLENDRĄ I SZPARAGAMI

1 pęczek świeżej kolendry
½ pęczka świeżej mięty
2 porcje makaronu Soba
10 szparagów
1 szalotka
olej do smażenia
garść sezamu
4 łyżki sosu rybnego
1 cm świeżej papryczki chili
1 ząbek czosnku
1 łyżka oleju ryżowego
½ cm świeżego imbiru

Zacznij od przygotowania sosu: do małej miseczki wlej sos rybny, olej ryżowy, drobno pokrojoną papryczkę, imbir starty na tarce oraz czosnek przeciśnięty przez praskę. Całość wymieszaj.
Szalotkę pokrój w piórka, podsmaż na rozgrzanej patelni, aż się zarumieni. Upraż sezam, tak aby zaczął ładnie pachnieć. Zagotuj wodę, wrzuć makaron, gotuj 8–10 minut, aż będzie miękki, ale nierozgotowany.
Odłam końcówki szparagów. Szparagi pokrój na kilkucentymentrowe kawałki, wrzuć je do wrzącej wody (ze szczyptą soli) i gotuj ok. 3 minut. Posiekaj miętę i ½ pęczka kolendry.
Przecedź makaron. Ponownie rozgrzej patelnię z szalotkami, dodaj makaron, szparagi, posiekane zioła i połowę sezamu. Wlej sos i podsmaż całość przez 2 minuty. Makaron podawaj posypany sezamem i świeżą kolendrą. Jedz od razu.

kolendra

KREM Z BATATÓW ZE ŚWIEŻYM KOPERKIEM I KOLENDRĄ

400 g batatów
1 łyżeczka brązowego cukru
2 liście laurowe
1 łyżeczka octu jabłkowego
sól i pieprz (do smaku)
1 duża cebula
3 ząbki czosnku
1 mała papryczka chili
1 płaska łyżka kurkumy
½ łyżeczki gałki muszkatołowej
1 łyżka oleju kokosowego
2 garści świeżej kolendry
garść koperku
2 garści ziaren granatu
300 g pomidorów w puszce
ok. 900 ml bulionu warzywnego
2 garści ulubionych orzechów
2 łyżeczki czarnuszki

Posiekaj cebulę, chili i czosnek. Rozgrzej olej w garnku, dodaj cebulę i czosnek, szczyptę soli, ocet i cukier. Podsmaż przez 2–3 minuty. Wrzuć gałkę i kurkumę. Obierz bataty, pokrój w nieregularne kawałki, umieść w garnku i podsmaż przez chwilę. Wlej pomidory, dodaj liście laurowe i bulion. Gotuj, aż ziemniaki zmiękną. Pod koniec gotowania dodaj kolendrę. Odstaw do wystygnięcia. Pamiętaj, aby przed zmiksowaniem wyjąć liście laurowe. Zmiksuj na gładki krem. Jeśli jest taka potrzeba, dopraw solą i pieprzem. Podawaj z ziarenkami granatu, świeżą kolendrą, koperkiem, podprażonymi orzechami i czarnuszką.

UDKA KURCZAKA PIECZONE W MARYNACIE Z CHILI I KOLENDRĄ

2 udka kurczaka
pęczek kolendry
½ łyżeczki suszonych płatków chili
½ łyżeczki garam masali
1 łyżka musztardy angielskiej
1 łyżka miodu
4 łyżki keczupu
1 łyżeczka wędzonej papryki
1 łyżeczka słodkiej papryki
2 łyżki octu balsamicznego
2 ząbki czosnku, przeciśnięte przez praskę
2 łyżki oleju rzepakowego
⅓ łyżeczki soli morskiej

Mięso umyj i osusz. Połowę kolendry drobno posiekaj. Wszystkie składniki razem z kolendrą umieść w misce i połącz. Uzyskaną marynatą natrzyj mięso. Wstaw do lodówki na minimum 1 godzinę. Piekarnik nagrzej do temperatury 200°C. Mięso piecz przez 20–30 minut. Podawaj z posiekaną kolendrą.

Baziółka
Kolendra
masa netto 30g
Baziółka
Kolendra
masa netto 30g

DOMOWY FALAFEL Z KOLENDRĄ I BAZYLIĄ CZERWONĄ, NA SAŁATCE ZE ŚWIEŻYCH ZIÓŁ

190 g suszonej ciecierzycy
szczypta soli
3 łyżki wody
sezam
2 ząbki czosnku
2 szalotki
garść posiekanej bazylii czerwonej
garść kolendry plus kilka listków do sałatki
¼ łyżeczki mielonego kardamonu
2 łyżki mąki pszennej
1 pęczek rukwi wodnej
olej (do smażenia)
1 łyżka soku z cytryny
szczypta soli i pieprzu
szczypta gałki muszkatołowej
½ łyżeczki wędzonej papryki
4 łyżki oliwy
1 pomidor
maszynka do formowania falafeli

SOS:
3 łyżki pasty tahini
5 łyżek wody
sok z ½ cytryny
½ ząbka czosnku
szczypta soli morskiej
szczypta mielonego kardamonu

Dzień przed przygotowaniem falafeli, zalej ciecierzycę wodą, tak aby wody było dwa razy więcej niż ciecierzycy. Następnego dnia odcedź ciecierzycę. Posiekaj bazylię i kolendrę (zostaw kilka listków do sałatki). Drobno pokrój szalotkę i czosnek. Dodaj przyprawy, mąkę i wodę. Całość zmiksuj na gładką masę. Odstaw do lodówki na ½ godziny. W tym czasie przygotuj sos.
W małej miseczce umieść pastę tahini, wodę, sok z cytryny, czosnek przeciśnięty przez praskę, sól i kardamon. Rózgą połącz całość, aby uzyskać sos (jeśli jest za gęsty, dolej odrobinę wody).
Rozgrzej patelnię, wlej olej. Potrzebujesz taką ilość tłuszczu, aby po włożeniu falafela olej sięgał do połowy jego wysokości. Za pomocą maszynki do formowania falafeli (jeśli nie masz maszynki, zrób to palcami) uformuj spłaszczone kuleczki i kładź je na rozgrzanym oleju. Obsypuj sezamem. Smaż, dopóki z każdej strony się nie zarumienią.
W misce umieść rukiew wodną, kilka listków kolendry i czerwonej bazylii pokrojonego w kawałki pomidora, sól, pieprz, skrop oliwą i delikatnie zamieszaj. Sałatkę połóż na talerzu, a na niej falafele, całość skrop sosem z tahini i jedz od razu.

LUBCZYK

Najlepsze połączenia:

WARZYWA
MARCHEWKA • BOĆWINA • KUKURYDZA • KOPER WŁOSKI • PIETRUSZKA • ZIEMNIAKI • POMIDORY • DYNIA

OWOCE
JABŁKA

MIĘSA/RYBY
DRÓB • SZYNKA • JAGNIĘCINA • WIEPRZOWINA • BIAŁE RYBY • MULE

NABIAŁ
JAJA • SERY

INNE
GRZYBY • RYŻ

MARTA DYMEK / LUBCZYK

ŹRÓDŁO SMAKU

Kiedyś smak uważano za cechę indywidualną, którą posiadali jedynie dobre kucharki i dobrzy kucharze. Do nich właśnie kierowane były pierwsze polskie książki kulinarne – do profesjonalistek oraz profesjonalistów zatrudnionych na szlacheckich dworach – i dlatego nie instruowały zbyt dokładnie, jak przyprawiać potrawy. Każdy przepis nakazywał po prostu gotowe danie „przyprawić do smaku". Czasem nie mówiono nawet o przyprawieniu, tylko o dosmaczeniu.

Z biegiem lat smak zyskał nowe znacznie, bo w ten sposób zaczęto nazywać bulion lub wywar, na którym przygotowywano nowe potrawy. „Stałą, konieczną przyprawą w jarskiej kuchni jest tzw. smak. Jest on potrzebny tak do gotowania zup, jak też przy przyrządzaniu sosów" – pisze Jan Kazimierz Czarnota o bulionie warzywnym. Podobnie pisano o bulionach mięsnych i rybnych.

Gdzie znaleźć ten wyjątkowy smak? Najwięcej jest go w wodorostach kombu, bardzo dużo we włoskich serach oraz suszonych mięsach. Ale jego źródłem są też polskie, rodzime produkty. Najbogatsze w umami *są pomidory, suszone grzyby oraz… tytułowy, świeży lubczyk, jedyne zioło tak pełne uzależniającego* umami. *Wyczuwały to już nasze prababki, bo wiele dawnych książek nazywa lubczyk ziołem pełnym smaku lub niezbędnym dla dobrego smaku. Jest też głównym składnikiem popularnej przyprawy wzmacniającej smak, dlatego czasem nazywa się go naturalnym maggi. Od wieków w polskich przepisach na rosoły, buliony i wywary nie mogło zabraknąć lubczyku. Podkręca też smak każdej zupy, pasztetu i gulaszu.*

Ale lubczyk ma znacznie większe możliwości niż te znane z jego występów w kuchni polskiej. Świetnie smakuje z cynamonem, kminem rzymskim, kardamonem, trawą cytrynową, liśćmi kafiru i liśćmi curry. Dobrze pasuje też do słodyczy i deserów, zwłaszcza tych z cytrusami, wanilią, śliwkami lub gruszkami. No i jest składnikiem mojego ulubionego keczupu – über umami, *który sprawia, że każda potrawa zyskuje wspaniały smak.*

KECZUP Z LUBCZYKIEM

1½ kg bardzo dojrzałych pomidorów
1 cebula
2 gwiazdki anyżu
3 goździki
2 ziarna ziela angielskiego
2 liście laurowe
1 laska cynamonu
¼ papryczki chili
kawałek świeżego imbiru (3 cm)
olej
150 g kwaśnych jabłek, obranych i pokrojonych w drobną kostkę
10 gałązek lubczyku (¼ doniczki)
2 łyżki koncentratu pomidorowego
1 łyżeczka musztardy
1 łyżeczka soli
1½ łyżki brązowego cukru
1 łyżka octu jabłkowego

Zagotuj sporo wody. Pomidorom natnij skórkę, włóż je do dużej miski i zalej wrzątkiem. Następnie pokrój na ćwiartki i z połowy pomidorów wytnij galaretkowate nasiona.
Cebulę pokrój w półksiężyce, imbir oraz papryczkę chili drobno posiekaj. Na dnie dużego garnka rozgrzej olej, dodaj cebulę oraz wszystkie przyprawy i smaż na niewielkim ogniu przez 4–5 minut lub do momentu, aż cebula będzie miękka. W międzyczasie obierz jabłko i pokrój je na drobną kostkę. Kiedy cebula będzie miękka, wyjmij z garnka: anyż, goździki, ziele angielskie, liście laurowe oraz cynamon. Do cebuli dodaj jabłko, lubczyk, koncentrat oraz musztardę i duś razem przez 2–3 minuty. Dodaj pomidory oraz sól i gotuj bez przykrycia przez 60 minut. Po upływie tego czasu pomidory zmiksuj blenderem i gotuj przez kolejne 30–60 minut. Na koniec dopraw do smaku brązowym cukrem oraz octem, w razie potrzeby dodaj więcej jednego lub drugiego. Zjadaj zaraz po przygotowaniu albo zapasteryzuj.

PORADY:
- Do keczupu najlepiej sprawdzą się podłużne pomidory (odmiana Lima).
- Keczup najlepiej robić w dużym garnku o dość grubym dnie – zmiksowane pomidory mogą pryskać.
- Im dłużej keczup będzie się gotować, tym będzie gęstszy i smaczniejszy. Jeśli masz więcej czasu, możesz go gotować nawet 3–4 godziny.

lubczyk

RAVIOLI Z DYNIĄ, LUBCZYKIEM ORZECHAMI I SEREM

CIASTO:
3 jajka
300 g mąki typ 450 plus do podsypywania ciasta
1 łyżka wody

FARSZ:
300 g purée z dyni hokkaido
2 garści posiekanego lubczyku
70 g sera koziego
porządna szczypta gałki muszkatołowej
sól i pieprz (do smaku)

DODATKOWO:
2 garści posiekanych ulubionych orzechów
ser typu parmezan (ilość – według uznania)
kilka łyżek oliwy truflowej

Aby przygotować ciasto, przesiej mąkę i wbij jaja. Zagnieć ciasto tak, aby było gładkie i elastyczne. Zawiń w folię spożywczą i wstaw do lodówki na pół godziny. Wystudzone purée dyniowe połącz z serem, dodaj lubczyk i przyprawy. Odstaw na bok. Orzechy podpraż na suchej patelni. Ciasto podziel na 4 części, każdą rozwałkuj na cienko, co jakiś czas posypując mąką (możesz użyć do tego maszynki albo wałka). Ciasto rozłóż i na połowie układaj małe kulki z farszu, wokół farszu delikatnie posmaruj wodą. Farsz przykryj połową ciasta, sklej ze sobą końce ciasta. Za pomocą wycinarki albo zwykłego noża wytnij kwadraty. Odkładaj na bok na oprószony mąką blat. W dużym garnku zagotuj wodę z porządną szczyptą soli. Kiedy woda zacznie wrzeć, delikatnie włóż ravioli do garnka. Kiedy makaron wypłynie na powierzchnię, oznacza to, że jest gotowy. Odcedź go z wody, posyp startym serem, orzechami i skrop oliwą.

CYTRYNY PIECZONE Z ANCHOIS I LUBCZYKIEM

3 duże cytryny
garść lubczyku
100 g mozzarelli
6 anchois
6 oliwek
6 pomidorków koktajlowych

Odetnij spód od cytryny, tak aby stały i się nie przewracały. Odkrój również górę od cytryny. Wydrąż miąższ. Układaj warstwami porwaną mozzarellę, lubczyk, anchois, pokrojone oliwki i przekrojone na pół pomidorki. Przykryj górą odciętą od cytryny i piecz w temperaturze 220°C przez 20–30 minut.

KARMELIZOWANY FENKUŁ Z RUKWIĄ WODNĄ, KOPREM I LUBCZYKIEM

1 mały fenkuł
1 pęczek rukwi wodnej
½ pęczka lubczyku
½ pęczka kopru
1 łyżka musztardy angielskiej
olej ryżowy
1 ząbek czosnku
1 łyżka wody
1 czubata łyżka płynnego miodu
½ pęczka rzodkiewek
2 ogórki gruntowe
1 łyżka soku z cytryny
sól i pieprz do smaku

SOS: W małej miseczce umieść musztardę, ok. 3 łyżek oleju ryżowego, wodę, czosnek przeciśnięty przez praskę, łyżkę drobno posiekanego lubczyku oraz sok z cytryny. Całość dokładnie zamieszaj, aby uzyskać gęstą, lejącą konsystencję.

Umyj rzodkiewki, ogórki i pokrój w plasterki. Umieść warzywa w lodowatej wodzie. Umyj fenkuł i pokrój na cienkie plastry. Rozgrzej patelnię z olejem, włóż fenkuł, smaż przez chwilę, aż poczujesz, że zaczyna pachnieć, polej miodem, dodaj szczyptę soli i pieprzu, smaż, aż się zarumieni. W misce umieść rukiew wodną, lubczyk i posiekany koper, dodaj rzodkiewki i ogórki, na koniec fenkuł. Skrop sosem i jedz od razu.

ZUPA
Z FASOLĄ I LUBCZYKIEM

300 g ulubionej dyni (obranej i pokrojonej w kostkę)
300 g pomidorów z puszki
2 czerwone cebule
3 ząbki czosnku
800 g czerwonej fasoli z puszki
garść świeżego lubczyku
olej (do smażenia)
sól i i pieprz (do smaku)
1 kolba kukurydzy
½ pęczka kolendry
½ papryczki chili
1 łyżeczka kuminu
porządna szczypta garam masali
½ łyżeczki kurkumy
½ łyżeczki korzenia imbiru
sok wyciśnięty z 1–2 limonek

Cebulę i czosnek pokrój w drobną kostkę. Dynię obierz i pokrój w kostkę. Rozgrzej piekarnik. Skrop dynię olejem i piecz, aż zmięknie. Rozgrzej olej w garnku i dodaj cebulę oraz czosnek. Podsmaż przez chwilę. Dodaj dynię i pomidory. Odcedź fasolę, przelej wodą i dodaj do garnka. Dodaj przyprawy, imbir i lubczyk. Doprowadź do wrzenia i gotuj przez 15–25 minut. Jak zupa lekko ostygnie, zmiksuj ją na gładki krem. Dolej wody albo bulionu, jeśli zupa jest za gęsta. Na patelni rozgrzej odrobinę oleju, połóż kukurydzę i smaż, dopóki ładnie się nie zarumieni. Pokrój chili w drobne kawałki, urwij listki kolendry. Postaw kukurydzę pionowo na desce do krojenia i za pomocą noża odkrój ziarenka. Zmieszaj razem z chili, sokiem z limonki i kolendrą. Zupę podawaj z salsą kukurydzianą.

MAJERANEK

Najlepsze połączenia:

WARZYWA
BURAKI • KUKURYDZA • CZOSNEK • CEBULA • ZIEMNIAKI • DYNIA • POMIDORY • CUKINIA • ROŚLINY STRĄCZKOWE • BAKŁAŻAN

OWOCE
CYTRYNA • LIMONKA • JABŁKA • ŚLIWKI

MIĘSA/RYBY
KACZKA • WOŁOWINA • WIEPRZOWINA • KIEŁBASY • CIELĘCINA • MAŁŻE

NABIAŁ
MASŁO • SERY: KOZI, MOZZARELLA • JAJA • MASŁO

INNE
OLIWA • PIECZYWO • GRZYBY

GRZEGORZ ŁAPANOWSKI / MAJERANEK

ZAPACH WSPOMNIEŃ

Niewiele ziół tak jednoznacznie kojarzy mi się z Polską, ze swojskością, z tradycją i ze świętami. Pachnie żurem, białą kiełbasą, wędzonkami i grochówką.

Majeranek często dodaje się do ciężkich dań, bo ułatwia trawienie. Tłuste mięsa, fasola czy groch to dla niego doskonałe towarzystwo, ale też dobrze łączy się z warzywami: pomidorami, ogórkami, fasolą, cebulą i ziemniakami. Jest nieodzowny do pieczonej kaczki z jabłkami i do wątróbek z patelni. Koniecznie zerwij kilka listków, rozetrzyj je w palcach i weź głęboki wdech. Tak właśnie pachną wspomnienia.

Majeranek jako jedno z nielicznych ziół nieźle nadaje się też do suszenia. Rzecz jasna, niezastąpiony jest przede wszystkim w świeżej postaci. Ma śródziemnomorski rodowód i obecnie dziko rośnie na Cyprze i w Turcji. W Europie uprawia się go relatywnie niewiele.

Pamiętam, jak we Francji, w okolicach Bordeaux, w pewnej restauracji gotowałem polską kolację. Potrzebowałem koniecznie majeranku i zdobycie go było nie lada gimnastyką. Na szczęście w Polsce jest go pod dostatkiem, tak jak wspaniałych wędlin z jego dodatkiem.

KANAPKA Z PIECZONĄ W MAJERANKU KACZKĄ

700 g uda z kaczki
30 g soli
1 płaska łyżeczka pieprzu ziarnistego
6 obranych ząbków czosnku
pęczek świeżego majeranku
3 łyżki oleju
100 g masła
3 ząbki czosnku
sól i pieprz

Udka natrzyj solą z połową pęczka majeranku, pieprzem i czosnkiem. Przełóż mięso do metalowej miski, przykryj szczelnie folią spożywczą i odstaw do lodówki na 5 godzin. Po tym czasie opłucz je pod zimną wodą, następnie dokładnie osusz i obsmaż z każdej strony na złoty kolor na dobrze rozgrzanej patelni. Po usmażeniu przełóż udka wraz z tłuszczem do głębokiej blaszki, dodaj masło, ząbki czosnku i drugą połowę pęczka majeranku. Przykryj folią aluminiową i piecz 4 godziny w 120°C. Przed podaniem mięso porwij na kawałki.

MAJONEZ

2 żółtka
1 szklanka oleju rzepakowego
3 łyżeczki octu winnego
sól i pieprz (do smaku)
szczypta cukru
3 łyżeczki musztardy

Wszystkie składniki, oprócz oleju, zmiksuj. Gdy się dobrze połączą, ciągle miksując, dolewaj wolnym strumieniem olej. Dopraw do smaku.

PIKLOWANA CEBULA

2 czerwone cebule
10 g soli
100 g cukru
100 g octu winnego
200 g wody
1 liść laurowy
2 ziarna ziela angielskiego

Do garnka wlej wodę, ocet, dodaj sól, cukier i zioła. Zagotuj. Cebulę pokrój w plastry o grubości ½ centymetra i zalej gorącą marynatą. Odstaw na godzinę do wystygnięcia.

PIECZONE BURAKI

2 średniej wielkości buraki
2 łyżeczki oleju
szczypta soli

Buraki dokładnie umyj, posmaruj olejem i posyp solą. Każdego buraka osobno zawiń w folię aluminiową i piecz ok. 1,5–2 godzin w 170°C. Kiedy wystygną, obierz je i pokrój w półcentymetrową kostkę. Połącz wszystkie składniki.

BAKŁAŻAN PIECZONY Z MAJERANKIEM, KASZĄ QUINOA I GRANATEM, PODANY Z SOSEM ORZECHOWYM I ŚWIEŻĄ PIETRUSZKĄ

1 średniej wielkości bakłażan
40 g kaszy quinoa
4–5 łyżek ziarenek granatu
1 ząbek czosnku
garść natki pietruszki
1 mała czerwona cebula
garść posiekanego majeranku
¾ łyżeczki za'ataru
3–4 łyżki sera bryndzy
2–3 łyżki oleju rzepakowego
sól i pieprz (do smaku)

SOS:
2 łyżeczki masła orzechowego (bez dodatku cukru i soli)
2 łyżeczki soku z cytryny
1½ łyżki oleju rzepakowego
szczypta soli

Piekarnik nagrzej do 220°C. Bakłażana przekrój wzdłuż, ponacinaj miąższ, skrop olejem, zawiń w folię spożywczą i piecz, aż zmięknie. W tym czasie ugotuj kaszę quinoa, według instrukcji na opakowaniu. Cebulę i czosnek posiekaj w drobną kostkę. Dodaj kaszę, granat, majeranek, ser, olej i przyprawy. Dokładnie wymieszaj.

SOS: Wrzuć do miseczki wszystkie składniki i połącz je ze sobą.
Kiedy bakłażan będzie gotowy, delikatnie wyjmij z niego miąższ. Dodaj go do kaszy i wymieszaj. Farszem wypełnij bakłażana i wstaw do piekarnika rozgrzanego do temperatury 220°C na ok. 15 minut. Podawaj z sosem i natką pietruszki.

PASTA Z PIECZONYCH BURAKÓW Z SEREM, ORZECHAMI LASKOWYMI, MAJERANKIEM I ROZMARYNEM

4 buraki średniej wielkości
20 ml oleju rzepakowego
1 gałązka rozmarynu
garść majeranku
100 g sera bryndza
1 łyżka octu
2 ząbki czosnku
garść orzechów laskowych
sól i pieprz (do smaku)

Buraki dokładnie umyj i ponakłuwaj widelcem. Skrop olejem, posyp szczyptą soli, dodaj kilka igiełek rozmarynu i zawiń w folię do pieczenia. Piecz w temperaturze 220°C, aż będą miękkie. Pozostaw do wystudzenia w piekarniku. Orzechy podpraż na suchej patelni. Do miksera wrzuć obrane buraki, dodaj ser, ocet, czosnek i majeranek. Zmiksuj na gładką pastę. Dopraw do smaku. Podawaj z pieczywem i orzechami.

GALETTE ZE ŚLIWKAMI I MAJERANKIEM

CIASTO:
210 g mąki orkiszowej
150 g zimnego masła
2 garści drobno posiekanego majeranku
szczypta soli
6 łyżek ksylitolu lub cukru brązowego

NADZIENIE:
6 śliwek
szczypta kardamonu
1 łyżeczka pasty waniliowej
szczypta gałki muszkatołowej
2 łyżki ksylitolu
3 łyżki soku i skórka z pomarańczy

Do miski przesiej mąkę, dodaj sól, ksylitol, majeranek i masło pokrojone w kostkę. Całość szybko zagnieć, owiń w folię i wstaw do lodówki na pół godziny. Śliwki umyj, przekrój na pół i pozbądź się pestek. Skrop sokiem z pomarańczy, zetrzyj skórkę z pomarańczy, dodaj przyprawy i ksylitol. Delikatnie wymieszaj. Następnie ciasto rozwałkuj na papierze do pieczenia. Na środku ułóż owoce. Zawiń końce ciasta. Wstaw do piekarnika nagrzanego do 220°C i piecz ok. 40 minut. Można podawać z lodami.

majer

majeran

ZUPA Z POKRZYWY Z SZYNKĄ PARMEŃSKĄ I MAJERANKIEM

½ pęczka majeranku
1 l bulionu warzywnego
¾ łyżeczki mielonego kminku
szczypta gałki muszkatołowej
3 duże ziemniaki
1 cebula
2 ząbki czosnku
ok. 10 garści pokrzywy
4 plastry szynki parmeńskiej
sól i pieprz (do smaku)
kilka łyżek oleju (do smażenia)

Ziemniaki obierz i pokrój w kostkę. Do garnka wlej bulion, dodaj ziemniaki i majeranek. Gotuj, aż będą miękkie. W oddzielnym garnku zagotuj wodę z porządną szczyptą soli. Wrzuć pokrzywę i gotuj przez ok. 30 sekund. Przelej przez sito i od razu włóż do lodowatej wody. Na patelni rozgrzej olej. Wrzuć pokrojone cebulę i czosnek, dodaj pokrzywę. Podsmaż przez chwilę. Całą zawartość z patelni przełóż do garnka z gotującymi się ziemniakami. Zmiksuj. Dodaj przyprawy. Szynkę ułóż na papierze do pieczenia i piecz w temperaturze 200°C, aż się zarumieni. Zupę podawaj z szynką.

MELISA

Najlepsze połączenia:

OWOCE

POMARAŃCZE
• CYTRYNY • LIMONKA
• JABŁKA • TRUSKAWKI
• MALINY • MORELE • ARBUZ

MIĘSA/RYBY

KURCZAK • JAGNIĘCINA
• BIAŁE RYBY

INNE

MIÓD
• HERBATA
• SYROP KLONOWY
• CZEKOLADA
• PIERNIK

JUREK SOBIENIAK / MELISA

ZIOŁO O DWÓCH TWARZACH

Dla mnie to zioło o dwóch twarzach. Pierwszą pokazuje w połączeniu, doskonałym zresztą, ze słodkimi aromatami, np. palonego cukru, miodu, wina musującego. Dzieje się tak dzięki duetowi zapachów: cytryny, i to jest dosyć oczywiste, i świeżo obranej skórki z grejpfruta, którą wyczuwam, rozcierając jej liście w palcach. Ale melisa jest też wspaniałym uzupełnieniem ziemistych zapachów, np. czarnego pieprzu, rozmarynu czy korzenia pietruszki. Może być świetnym składnikiem deseru czy sałatki owocowej. Natomiast drugą twarz melisa ujawnia, kiedy dodamy ją do pieczonego drobiu, grillowanej ryby lub pomidorów.

Ogromną władzę nad szeroką paletą smaku daje melisie zawarty w niej związek – eteryczny cytronelal, co łączy ją z cytrusami. Dlatego jest tak cenioną przyprawą dla wielu produktów, począwszy od zielonego groszku, przez sery kozie i jagnięcinę na owocach morza kończąc. O deserach nawet nie wspomnę, bo na moim brzuchu miał być kaloryfer, a wygląda mi to bardziej na bojler :)))

DUSZONE KURCZĘ W PORACH Z MORELAMI I MELISĄ NA PURÉE Z WANILIĄ I CZARNYM PIEPRZEM

400 g udźców z kurczaka
2 serca z porów
50 g masła
50 g suszonych moreli
1 doniczka melisy
1 łyżka miodu akacjowego
400 g ziemniaków (odmiany Wineta lub Lord albo Irga)
1 laska wanilii
½ łyżeczki świeżo mielonego pieprzu
sól i pieprz zielony (do smaku)

Serca porów delikatnie natnij z jednej strony do środka i umyj pod zimną wodą. Gotowe pory pokrój w 3-centymetrowe plastry, ułóż na zimnej patelni teflonowej, a na ich środek połóż masło, posyp delikatnie solą i pieprzem oraz dodaj pokrojone w ćwiartki suszone morele. Teraz dopiero zacznij nagrzewać patelnię, tak aby temperatura moreli i pora powoli wzrastała, a masło się rozpuściło. Duś pod przykryciem.

W międzyczasie udźce z kurczaka trybuj z kości, zdejmij skórę i pokrój w kostkę o grubości 2,5 x 2,5 cm, posól, posyp zmielonym zielonym pieprzem. Całość maceruj 2 minuty. Tak przygotowanego kurczaka włóż pomiędzy duszące się pory i dodaj łyżkę miodu. Duś pod przykryciem 15 minut. Posiekaj drobno melisę i pod koniec duszenia dodaj do potrawy. Wszystko dokładnie wymieszaj, zdejmij z ognia i pozostaw pod przykryciem.

Ziemniaki ugotuj do miękkości w osolonym wrzątku, następnie odparuj, pozostawiając ½ szklanki wody z gotowania się ziemniaków. Do tej wody dodaj otartą laskę wanilii, sól oraz świeżo zmielony pieprz. Całość zagotuj, dolej do ziemniaków i utłucz na gładką masę. Gotowe purée podawaj razem z duszonym kurczakiem. Udekoruj listkami melisy.

melisa
melisa

BRZOSKWINIE I MORELE Z MIĘTĄ I MELISĄ POD KRUSZONKĄ Z LODAMI

3 duże brzoskwinie
garść moreli
1 pęczek mięty
1 pęczek melisy
sok z ½ cytryny

KRUSZONKA:
70 g zimnego masła, pokrojonego w kostkę
½ szklanki mąki
¼ szklanki cukru

LODY:
350 ml śmietany kremówki 36%
300 ml mleka
75 g cukru ciemnego Muscovado
1 łyżeczka cynamonu
szczypta soli
5 żółtek
45 g cukru
szczypta gałki muszkatołowej
1 laska wanilii

KRUSZONKA: Wszystkie składniki umieść w misce, połącz, aby powstała sypka kruszonka. Odstaw do lodówki.

LODY: W garnku umieść śmietanę, mleko, cukier, cynamon, gałkę i ziarenka z laski wanilii oraz laskę wanilii i szczyptę soli. Całość podgrzej, mieszając, ale uważaj, by nie zagotować. Zdejmij z ognia i odstaw na bok. Do miski wrzuć żółtka z cukrem i miksuj, aż uzyskasz puszystą konsystencję. Postaw garnek na małym ogniu, wyjmij laskę wanilii, dodaj masę z żółtek i zamieszaj, nadal uważając, aby nie doprowadzić do zagotowania. Odstaw na bok i poczekaj do całkowitego wystygnięcia. Przelej masę do foremki i włóż do zamrażalki na 5–8 godzin.

CAŁOŚĆ: Nagrzej piekarnik do 200°C. Umyj brzoskwinie i morele. Pokrój w cząstki, umieść owoce w naczyniu żaroodpornym. Posiekaj melisę i miętę, dodaj do owoców, skrop sokiem z cytryny. Delikatnie zamieszaj. Wstaw owoce do piekarnika na 10–15 minut, żeby zmiękły. Wyjmij naczynie, posyp owoce kruszonką i piecz, aż ładnie się zarumienią. Gotowe owoce podawaj z listkami mięty i melisy oraz lodami.

LEMONIADA ARBUZOWA Z MIĘTĄ I MELISĄ

½ szklanki arbuza
½ szklanki truskawek
garść mięty
garść melisy
sok z ½ cytryny
1 łyżka miodu
garść kostek lodu

Umyj truskawki, wykrój arbuza. Umieść owoce w mikserze, dodaj sok cytryny, miód, miętę oraz melisę. Na koniec wrzuć lód. Zmiksuj i pij od razu.

CEVICHE
Z DORSZA Z MELISĄ I KOLENDRĄ

250 g filetu z dorsza
1 łyżka kolendry
1 pęczek melisy
sok z 1½ limonki
½ łyżeczki miodu
½ łyżeczki imbiru
1 łyżka sosu sojowego
60 g oleju sezamowego
1 ząbek czosnku
⅓ średniej wielkości papryczki chili
1 łyżeczka sezamu
sól morska i pieprz świeżo mielony (do smaku)

Do blendera wrzuć melisę, imbir, papryczkę, miód, czosnek, sól i pieprz i wlej sos sojowy, sok z jednej limonki oraz olej. Zmiksuj na gładki sos. Rybę umyj, osusz i pokrój w kostkę. Zalej ją sosem, wymieszaj i odstaw na bok. Następnie dodaj kolendrę i sezam. Całość skrop sokiem z ½ limonki.

melisa
kolen
ko
len
dra
kolendra
melisa
melisa

RACUCHY Z JABŁKAMI I MELISĄ

garść porwanej melisy
2 średniej wielkości jabłka
1 płaska łyżeczka cynamonu
1 szklanka mąki orkiszowej
1 szklanka mleka owsianego
25 g świeżych drożdży
2 jajka
1 płaska łyżka cukru
30 g rozpuszczonego masła klarowanego (plus do smażenia)
ok. 150 g białej czekolady
ziarenka z 1 laski wanilii
skórka otarta z ½ limonki
1½ czubatej łyżki oleju kokosowego

Drożdże rozetrzyj z cukrem. Mleko krótko podgrzej, tak aby miało 30–40°C, i dodaj do drożdży. Wsyp kilka czubatych łyżek mąki oraz jaja. Połącz składniki i odstaw pod przykryciem na ok. 10 minut. Masło rozpuść i odstaw do wystygnięcia. Wlej do miski. Dodaj cynamon. Zamieszaj. Wsyp mąkę. Odstaw pod przykryciem w ciepłe miejsce na godzinę–półtorej. W tym czasie umyj i obierz jabłka. Pokrój w kostkę. Melisę drobno posiekaj. Do miski z wyrośniętym ciastem dodaj jabłka i melisę. Całość delikatnie wymieszaj. Na patelni rozgrzej masło. Łyżką nakładaj ciasto i smaż z każdej strony, aż się zarumieni. Odkładaj na ręcznik papierowy. W kąpieli wodnej rozpuść czekoladę z wanilią, skórką z limonki i olejem kokosowym. Racuchy podawaj polane czekoladą i posypane świeżymi listkami melisy.

MIĘTA

Najlepsze połączenia:

WARZYWA
OGÓREK • IMBIR • TRAWA CYTRYNOWA • BAKŁAŻAN • POMIDORY • CUKINIA • SAŁATA • DYNIA • CUKINIA

OWOCE
JABŁKA • JAGODY • CYTRYNA • GREJPFRUT • LIMONKA • MANGO • NEKTARYNKI • POMARAŃCZE • GRUSZKI • ANANAS • MALINY • TRUSKAWKI • ARBUZ

MIĘSA/RYBY
WOŁOWINA • DRÓB • JAGNIĘCINA • CIELĘCINA

INNE
LODY • KARDAMON • CYNAMON • WANILIA • CZEKOLADA • RYŻ

DARIA ŁADOCHA / MIĘTA

ORZEŹWIAJĄCA I CZASEM NIESFORNA

Każdy z nas zna jej smak, gdyż obecnie wiele gum i cukierków odświeżających jest z dodatkiem właśnie mięty. W niektórych krajach Bliskiego Wschodu do dzisiaj żuje się jej liście, by w dobrej higienie utrzymać jamę ustną. Ale niegdyś mięta najbardziej znana była ze swoich magicznych właściwości. Wierzono na przykład, że napar z jej liści jest w stanie przepędzić złe moce, a nawet zapewnić wierność małżeńską. W jaki sposób? Bardzo prosty. Należało jedynie związać jej gałązki na supełki w jedwabiu i włożyć do łóżka. Z kolei Japończycy nosili ze sobą liście mięty, ufając, że to odpędza od nich upał.

Od niepamiętnych lat mięta znajduje również bardzo szerokie zastosowanie w kuchni. Jest bogata w żelazo, fosfor, wapno i magnez oraz witaminy A i B3, a jej bardzo wyrazisty gorzki smak nadaje potrawom specyficzny charakter. Zazwyczaj dodaje się ją pod koniec przyrządzania potrawy, by zachować jej właściwości i walory smakowe, które bardzo łatwo ulatniają się pod wpływem ciepła. Z liści świeżej mięty sporządza się nie tylko herbatki i napary, lecz także dodaje się je do sałatek, sosów czy marynat, a nawet do chłodników i sosów pomidorowych. Natomiast ich żucie po posiłku odświeża oddech i wspomaga trawienie. Ciekawostką z kuchni staropolskiej jest wrzucenie kilku liści mięty do gotującego się mleka, żeby się nie zwarzyło.

Zielona, niewinna, aromatyczna i znana na całym świecie – mięta. Kiedyś, by okazać dziewczynie zainteresowanie, wystarczyło powiedzieć: „Czuję do ciebie miętę". Czasy się zmieniły, ale mięta pozostała taka sama: orzeźwiająca i czasem niesforna. Jak już się nią wyleczycie, wychłodzicie i przyrządzicie na jej bazie najlepszą potrawę świata, to polecam kąpiel. Wystarczy dwie garści mięty wrzucić do wanny, by oddać się magii relaksu, wygładzić popękaną skórę dłoni i ukoić wszelkie podrażnienia.

WEGAŃSKIE CURRY Z PAPAJĄ, ORZECHAMI NERKOWCA I MIĘTĄ

2 szklanki papai pokrojonej w kostkę
1 łyżka oleju roślinnego
1 puszka mleka kokosowego (400 ml)
1 łyżka pasty curry (czerwonej)
1 pomidor pokrojony w łódki
½ czerwonej papryki pokrojonej w słupki
½ żółtej papryki pokrojonej w słupki
szczypta cukru trzcinowego
1 łyżka sosu sojowego
2 garście liści świeżej mięty
50 g podprażonych orzechów nerkowca
1 szalotka pokrojona w piórka
2 ząbki czosnku, drobno posiekane
4 liście limonki kaffir

W rondelku rozgrzej olej i podsmaż szalotkę wraz z czosnkiem. Dodaj pastę curry i wymieszaj. Następnie dodaj paprykę oraz papaję. Całość zalej mlekiem kokosowym z dodatkiem liści limonki kaffir. Gotuj kilka minut, potem dodaj pomidora oraz cukier i sos sojowy. Na koniec dodaj orzechy i miętę. Podawaj z ryżem jaśminowym.

SYROP RABARBAROWY Z SOKIEM Z GREJPFRUTÓW I MIĘTĄ

600 g rabarbaru
200 g cukru
sok wyciśnięty z 2 grejpfrutów
½ pęczka mięty
1 laska wanilii
woda gazowana

Rabarbar umyj, odkrój końcówki, a resztę łodyg pokrój w małe kawałki. Wrzuć na patelnię, posyp cukrem. Wyciśnij sok z grejpfrutów, dodaj posiekaną miętę i laskę wanilii. Duś rabarbar pod przykryciem, na małym ogniu, aż zupełnie zmięknie i puści sok. Jeśli syrop jest za gęsty, dolej wody. Syrop przecedź przez sito i schłodź. Podawaj z kostkami lodu, wodą i miętą.

mięta

SMOOTHIE BOWL Z OWOCAMI, MIĘTĄ I MELISĄ

½ szklanki mrożonych malin
½ szklanki mrożonych jagód
1 zamrożony banan
ok. szklanki mleka migdałowego
1 łyżka nasion chia
1 łyżka pyłku kwiatowego
1–2 śliwki
1 figa
2 łyżki świeżych jagód
1 łyżeczka wiórków czekoladowych
garść mięty
garść melisy

Wszystkie świeże owoce umyj, większe pokrój w plastry. Do miksera wrzuć wszystkie mrożone owoce, dodaj mleko i miętę. Zmiksuj do uzyskania jednolitej konsystencji. Smoothie przelej do miski, posyp świeżymi owocami, chia, pyłkiem, wiórkami czekoladowymi i melisą.

GORĄCA MIĘTOWA CZEKOLADA Z DAKTYLAMI, MASŁEM ORZECHOWYM I PALONYMI PIANKAMI

garść mięty
6 suszonych daktyli
2 łyżki dobrej jakości masła orzechowego (najlepiej domowego)
garść słodkich pianek
500–600 ml mleka sojowego
szczypta gałki muszkatołowej
szczypta kardamonu
6 kostek gorzkiej czekolady
2 łyżki surowego kakao

Do rondla wrzuć wszystkie składniki oprócz pianek. Gotuj na małym ogniu, aż daktyle będą zupełnie miękkie. Mieszaj co jakiś czas. Przelej całość do blendera i miksuj na gładki płyn. Czekoladę podawaj z piankami. Jeśli masz w kuchni palnik cukierniczy, możesz skarmelizować pianki.

SAŁATA Z PIECZONYM ŁOSOSIEM, ZIELONYM GROSZKIEM, MIĘTĄ, RUKWIĄ WODNĄ, KOPERKIEM, SELEREM NACIOWYM, KAPARAMI ORAZ SOSEM MUSZTARDOWO--LIMONKOWYM

280 g surowego, dzikiego łososia
2 łyżki oleju ryżowego
garść mięty
2 pęczki rukwi wodnej
½ garści koperku
1 łodyga selera naciowego
1 łyżka kaparów
duża garść zielonego groszku

SOS:
2 płaskie łyżeczki musztardy angielskiej
1 łyżeczka soku z limonki
½ łyżeczki miodu
⅓ łyżeczki płatków chili
2 łyżki oleju lnianego
1 łyżka wody
sól i pieprz (do smaku)

Łososia umyj i osusz. Wetrzyj w niego posiekany drobno koper, szczyptę soli, pieprz, skrop olejem ryżowym i zawiń w folię aluminiową. Piecz przez ok. 20 minut w temperaturze 200°C.
Zioła opłucz w zimniej wodzie i osusz. Seler umyj i pokrój w cienkie plasterki. Jeśli używasz mrożonego groszku, to wrzuć go na parę minut do wrzątku, potem przecedź, a jeśli świeżego, to tylko wyjmij go z łupinek. Do małej miseczki wlej musztardę, dodaj miód, chili, sok z limonki, olej i wodę. Całość połącz i dopraw solą oraz pieprzem. Na talerzu rozłóż rukiew wodną, porwanego łososia, kapary, groszek i seler. Posyp miętą i skrop sosem.

koperek
Baziółka
Mięta
koperek

OREGANO

Najlepsze połączenia:

WARZYWA
KARCZOCHY • POMIDORY • RUKOLA • OGÓRKI • CZOSNEK • CEBULA • PIETRUSZKA • ZIEMNIAKI • CUKINIA

OWOCE
CYTRYNA

MIĘSA/RYBY
WOŁOWINA • DRÓB • JAGNIĘCINA • WIEPRZOWINA • PRZEPIÓRKA • ANCHOIS • TŁUSTE RYBY • OWOCE MORZA

NABIAŁ
SERY: FETA, MOZZARELLA, PARMEZAN • JAJA • MASŁO

INNE
OLIWA

LARA GESSLER / OREGANO

CUDOWNE I W KUCHNI, I W APTECZCE

Oregano zawsze jawiło mi się jako najbardziej typowe zioło dla Basenu Morza Śródziemnego. Kuchnie Grecji i Włoch nie mogłyby bez niego istnieć. W tych rejonach popularne było już w czasach średniowiecznych, kiedy to przypisywano mu – poza smakowymi – głównie właściwości lecznicze. Pozyskiwany z oregano olejek nadal zresztą znajduje zastosowanie w medycynie naturalnej, bo wykazuje działanie przeciwgrzybicze, przeciwwirusowe, a także przeciwbólowe, pomaga zwłaszcza w bólach reumatycznych i mięśniowych. Niektórzy mężczyźni w starożytnym Rzymie używali go nawet jako preparat na porost włosów.

Ja najczęściej wykorzystuję świeże oregano do przygotowania rozgrzewającego naparu. Zalewam je wrzącą wodą, po paru minutach dodaję skórkę z pomarańczy i miód. Nie tylko doskonale smakuje, lecz także w czasie przeziębienia działa zbawiennie na gardło.

*Od kilku lat odkrywam również, jak wspaniałą rolę mogą odgrywać zioła w sztuce cukierniczej. Oregano na przykład cudownie infuzuje masło i śmietanę, dlatego świetnie nadaje się do zrobienia kremu katalońskiego (*crema catalana*), słodkiego ryżu na mleku ze skórką z cytryny czy maślanych ciasteczek, na które przepis znajdziecie na stronach tej książki.*

MAŚLANE CIASTECZKA Z OREGANO

450 g mąki
400 g miękkiego masła
½ łyżeczki proszku do pieczenia
½ łyżeczki soli
4 łyżki listków oregano
200 g drobnego cukru
1 jajko

Połącz mąkę, proszek do pieczenia, oregano i sól. Mikserem – najlepiej z łopatką – utrzyj masło i cukier na białą i puszystą masę. Dodaj jajko. Gdy masa będzie już jednorodna, dodaj na trzy razy przygotowaną mąkę z oregano, zmniejszając obroty. Gdy całość się połączy, wyłącz mikser.
Ciasteczka możesz uformować przez prasę do ciastek, rękaw cukierniczy z twoją ulubioną końcówką lub układając ciasto na podwójnie złożonej folii spożywczej i zawijając je na kształt kiełbaski. Gotowe zawiniątko włóż do zamrażarki.
Po 4 godzinach odwiń z folii zamrożoną masę i pokrój w półtoracentymetrowej grubości plasterki.
Uformowane surowe ciasto układaj na blaszce wyłożonej papierem do pieczenia lub matą silikonową w odległości 5 cm od siebie. Piecz w temperaturze 180°C, aż ciasteczka się zarumienią (10–15 minut). Smacznego!

oregano

ORKISZOWY PODPŁOMYK Z ZA'ATAREM, SEREM DŁUGODOJRZEWAJĄCYM, POMIDORKAMI KOKTAJLOWYMI, BAZYLIĄ I OREGANO

300 g mąki orkiszowej
120 g ciepłej wody
½ łyżeczki soli
garść oregano
garść bazylii
2 garści pomidorków koktajlowych
1 mała czerwona cebula
świeżo mielony pieprz
2 łyżki rozpuszczonego masła klarowanego
4–6 łyżek startego sera długodojrzewającego, typu parmezan
½ łyżeczki płatków chili
2 łyżki za'ataru

Mąkę orkiszową przesiej do miski, dodaj sól i porwane listki oregano. Powoli wlewaj wodę do miski z mąką i jednocześnie mieszaj, aby nie powstawały grudki. Ciasto zagnieć, powinno być gładkie i elastyczne, odłóż na bok pod przykryciem. W tym czasie umyj i osusz pomidorki, przekrój je na pół. Cebulę posiekaj w cienkie piórka. Ciasto podziel na dwie części, każdą rozwałkuj na cienki placek. Placki połóż na blaszce wyłożonej papierem do pieczenia. Piekarnik nagrzej do 200°C. Na każdym podpłomyku dokładnie rozprowadź masło klarowane, rozłóż cebulę i pomidorki, posyp przyprawami. Piecz przez 20–25 min. Pod koniec pieczenia posyp serem. Podawaj z bazylią.

oregano
oregano

bazylia
oregano

SAŁATKA Z ZIOŁOWYMI ZIEMNIAKAMI, SZYNKĄ PARMEŃSKĄ I JAJKIEM

4–5 ziemniaków
kilka plasterków szynki parmeńskiej
2 jajka
1 pęczek czerwonego szczawiu
1 pęczek oregano
1 pęczek szczypiorku
1 pęczek bazylii
1 ząbek czosnku
sól i pieprz (do smaku)
4–6 łyżek startego sera długodojrzewającego typu parmezan
sok wyciśnięty z ½ cytryny
olej rzepakowy

Ziemniaki obierz, umyj, pokrój w nieregularne cząstki, wrzuć do garnka z zimną wodą, doprowadź do wrzenia i gotuj przez 10 minut, po czym przecedź przez sito i je wystudź. Do miksera wrzuć szczypior, oregano, bazylię, (zostaw trochę ziół, aby na koniec posypać sałatkę), obrany czosnek, sok z cytryny, ser i olej (oleju wlej tyle, aby pesto miało gęstą, ale lejącą konsystencję). Zmiksuj. Dopraw solą i pieprzem. Piekarnik nagrzej do 220°C. Ziemniaki natrzyj ziołowym pesto, ułóż w naczyniu żaroodpornym i piecz przez 25–30 minut. Pod koniec pieczenia dołóż do ziemniaków szynkę i piecz jeszcze przez 10 minut. W tym czasie włóż jajka do zimnej wody, doprowadź do wrzenia i gotuj przez 3 minuty, potem je wyjmij i ostudź w lodowatej wodzie, obierz i przekrój na pół. Gotowe jajka podawaj z porządną szczyptą pieprzu, soli, szczawiem, ziołami i pieczonymi ziemniakami.

OMLET Z SZYNKĄ I OREGANO

3 jajka
2–4 plastry szynki parmeńskiej albo boczku
1–2 łyżki posiekanego szczypiorku
1 łyżka oregano
porządna szczypta soli i pieprzu
masło do wysmarowania naczynia do pieczenia
4 łyżki śmietany 18%

Piekarnik nagrzej do 220°C. Naczynia do pieczenia wysmaruj masłem. Jajka wbij do miski, dodaj śmietanę, oregano, sól i pieprz. Całość roztrzep rózgą. Przelej do dwóch małych naczynek żaroodpornych. Dodaj szynkę. Piecz do momentu, aż omlet się zetnie i urośnie. Podawaj z ulubionym pieczywem i szczypiorkiem.

TOSTY Z CZERWONĄ KAPUSTĄ, ŻÓŁTĄ PAPRYKĄ, PASTĄ Z BOBU I WOŁOWINĄ

140 g wołowiny
2 łyżki oleju rzepakowego plus kilka łyżek do pasty
kilka kromek pieczywa
1 żółta papryka
⅓ główki czerwonej kapusty
2 garści bobu
sól i pieprz (do smaku)
2 łyżki soku z cytryny
1 łyżka musztardy
garść oregano
½ pęczka pietruszki
1 łyżeczka za'ataru
1 ząbek czosnku

W wołowinę wetrzyj 2 łyżki oleju, pieprz i listki oregano. Pokrój w plastry i smaż na rozgrzanej patelni, aż się ładnie zarumieni. Ugotuj bób, przelej zimną wodą i wyjmij z łupinek. Potem wrzuć go do miksera, wlej olej, sok z cytryny, musztardę, czosnek, za'atar i pietruszkę. Zmiksuj na gładką pastę, dopraw solą i pieprzem. Pieczywo podgrzej chwilę na suchej patelni. Kapustę i paprykę pokrój w plastry. Kromki chleba posmaruj pastą, dodaj pokrojoną wołowinę, resztę warzyw i ziół.

PACHNOTKA

Najlepsze połączenia:

WARZYWA
MARCHEWKA • OGÓREK
• RZEPA

MIĘSA/RYBY
WOŁOWINA • BIAŁA RYBA
• KURCZAK • WIEPRZOWINA
• OWOCE MORZA
• TUŃCZYK • ŁOSOŚ

INNE
SOS SOJOWY • SEZAM
• SOS RYBNY
• OLEJ SEZAMOWY
• RYŻ • CHILI
• MAKARON RYŻOWY
• MAKARON UDON
• KOLENDRA

MARIANNA MEDYŃSKA / PACHNOTKA

ŁATWO ZAKOCHAĆ SIĘ W PACHNOTCE

Zimą wystarczyło posiekać drobno kilka listków i tuż przed podaniem wymieszać je w misce z gorącym japońskim ryżem. Latem – wypić szklankę lodowatego soku z shiso, *przygotowywanego podobnie jak nasz polski kompot. Potem przez okrągły rok wyciągać jej liście spod ułożonych równiutko kawałków sashimi, smażyć je w tempurze, zwijać w rolkach sushi i wynajdywać pałeczkami w sałatkach czy mieszankach pikli, wyjadając do ostatniego kęska.*

Pachnotkę wypatrzyłam w Japonii i choć od razu mnie zauroczyła, przy każdym kolejnym spotkaniu uczyłam się jej i dowiadywałam się więcej i więcej o jej niepowtarzalnym, wielopoziomowym smaku. Po powrocie do domu boleśnie odczułam deficyt niedostępnego wówczas w Polsce zioła. Aż do dnia, w którym doniczki z pachnotką znienacka pojawiły się w warzywniaku, tuż przy moim domu.

Istnieje kilka rodzajów pachnotki – pochodzą z różnych rejonów wschodniej Azji i cechują się lekko odmiennymi aromatami. Japońskie shiso *charakteryzuje zielna i miętowa świeżość, w koreańskiej* deulkkae *więcej jest pieprznej goryczki, a zielonofioletową* tia to *z Wietnamu wyróżniają najsilniejsze nuty anyżowe. Mimo tych różnic pachnotki doskonale sprawdzają się stosowane zamiennie – mogą się wzajemnie zastępować i pełnić swoje funkcje w różnych przepisach, bo charakteryzuje je ta sama aromatyczna głębia, przywodząca mi na myśl połączenie mięty, lukrecji i bazylii. Proporcje pomiędzy smakowymi nutami zależą od odmiany, a eksperymentowanie z ich nieszablonowym zastosowaniem może prowadzić wyłącznie do wspaniałych odkryć.*

Moja kuchnia znowu wypełniła się ulubionymi aromatami, które tak bardzo zauroczyły mnie kiedyś na Dalekim Wschodzie. Później wystarczyło tylko raz spróbować paczuszek z liści pachnotki, otulających słodkie i pełne smaku umami *nadzienie z pasty miso i orzechów, by owo zauroczenie przemieniło się w prawdziwą miłość – głęboką, dojrzałą i na zawsze.*

SHISOMAKI – ROLKI Z PACHNOTKI Z NADZIENIEM Z PASTY MISO I ORZECHÓW

⅓ szklanki podprażonych orzechów włoskich
¼ szklanki ziaren sezamu
½ szklanki ciemnej pasty miso
¼ szklanki drobnego nierafinowanego cukru trzcinowego
1 mała papryczka chili
30–40 jak największych liści pachnotki
wykałaczki do szaszłyków
olej roślinny (do smażenia)

W dużym moździerzu rozetrzyj orzechy włoskie i ziarna sezamu. Dodaj pastę miso, cukier i drobno posiekaną papryczkę chili (ilość możesz regulować wedle upodobań – zacznij od jednej płaskiej łyżeczki). Wymieszaj wszystko na masę o konsystencji plasteliny. Jeśli jest zbyt sucha (zależy to od użytej pasty miso), możesz dodać odrobinę wody. Z nadzienia formuj wałeczki o grubości 0,5 cm i długości 2–3 cm. Każdy wałeczek ułóż na odwrocie, tj. fioletowej stronie liścia pachnotki (w przypadku mniejszych sztuk możesz wykorzystać dwa listki, lekko na siebie nałożone), zwiń ciasno w rulon i nabij na wykałaczkę – po cztery sztuki na jednej wykałaczce.

Na patelni mocno rozgrzej kilka łyżek oleju (tyle, aby cała powierzchnia była pokryta cienką warstwą). Kiedy olej będzie gorący, ułóż na patelni pierwszą partię wykałaczek ze zwitkami. Smaż na dużym ogniu przez około 2 minuty, następnie obróć je na drugą stronę i smaż przez kolejne 2 minuty*. Nie dopuść do przypalenia pachnotki – jej zielona barwa się pogłębi, ale nie wolno jej przyrumienić się na brązowo. Zdejmij z patelni i odłóż na ręcznik papierowy, by odsączyć z nadmiaru tłuszczu. Powtórz z pozostałymi wykałaczkami.

Shisomaki możesz zjeść na ciepło, ale najlepiej smakują po schłodzeniu w lodówce (szczelnie zamknięte możesz przechowywać przez kilka tygodni). Smakują świetnie jako przekąska do piwa (albo japońskiej sake) lub dodatek do gorącego ryżu.

* Jeśli długie wykałaczki utrudniają smażenie, skróć je nożyczkami, tak aby całe mieściły się na patelni, umożliwiając wszystkim shisomakom jednakowe przyleganie do jej powierzchni.

POKE BOWL

½ garści kolendry
2 łyżki posiekanej pachnotki
130 g surowego tuńczyka
½ garści ugotowanego bobu
1 figa
garść pokrojonej w paski czerwonej kapusty
½ papryki pokrojonej w paski
⅓ mango
⅓ szklanki ryżu
1 łyżka masła orzechowego
kilka łyżek wody
1 łyżka soku z cytryny
1 łyżeczka musztardy
sól i pieprz (do smaku)

Ryż ugotuj według instrukcji na opakowaniu. Aby przygotować sos, w miseczce umieść masło orzechowe, sok z cytryny, musztardę i kilka łyżek wody. Jeśli jest taka potrzeba, dolej więcej wody, aby sos był lejący. Dopraw solą i pieprzem. Tuńczyka posiekaj na tatar i połącz z pachnotką. W misce ułóż warzywa, mango, figę, ryż, posyp kolendrą i polej sosem.

AZJATYCKIE PIEROŻKI Z ŁOSOSIEM, CHILI, CZOSNKIEM, IMBIREM, PACHNOTKĄ I KOLENDRĄ (NA PARZE)

¾ szklanki gorącej wody
2 szklanki mąki pszennej
spora szczypta soli
300 g wędzonego łososia
1 ząbek czosnku
⅓ papryczki chili
1 łyżeczka utartego imbiru
garść kolendry
½ garści pachnotki
sos sojowy

Do miski wsyp przesianą mąkę i sól, mieszaj, wlewając powoli wodę. Zagnieć na gładkie i elastyczne ciasto. Odłóż na bok pod przykryciem.
Łososia pokrój na tatar, dodaj utarty na tarce imbir, czosnek przeciśnięty przez praskę oraz drobno pokrojoną papryczkę. Wmieszaj kolendrę i pachnotkę.
Ciasto rozwałkuj, wytnij koła, na każde nałóż niewielką ilość farszu i zawiń.
Papierem do pieczenia wyłóż parownik. Za pomocą wykałaczki zrób w papierze dziurki. Do woka wlej tyle wody, aby parownik nie był zamoczony. Pierożki ułóż w parowniku. Gotuj je 10–15 minut, zmieniając co jakiś czas piętra parownika.
Podawaj z sosem sojowym.

Pachnotka
WYPRODUKOWANO BEZ UŻYCIA PESTYCYDÓW
Baziółka
ko
len
dra

KANAPKI ZE SMAŻONĄ NA ROZMARYNIE ŁATĄ WOŁOWĄ, MUSZTARDĄ, DUSZONĄ CEBULĄ I SAŁATKĄ Z PACHNOTKI

400 g łaty wołowej
1 łyżka posiekanych igiełek rozmarynu
2 białe cebule
4 liście laurowe
70 g cukru
125 ml czerwonego octu
30 g masła
olej (do smażenia)
2 łyżki musztardy angielskiej
garść pachnotki
1 łyżka soku z cytryny
sól i pieprz
pieczywo (ulubione)

Obierz cebulę i pokrój ją na grube plastry. Na patelni rozgrzej masło i olej. Wrzuć liście laurowe i dodaj cukier. Podsmaż chwilę. Na patelni ułóż cebulę. Posyp szczyptą soli i pieprzu. Podgrzewaj przez ok. 5 minut. Następnie dolej ocet. Na małym ogniu duś cebulę przez ok. 20–30 minut, aż się zarumieni i skarmelizuje. Jeśli cebula zacznie się przypalać, dolej odrobinę wody. Mięso natrzyj solą i pieprzem. Na patelni rozgrzej 2 łyżki oleju i dodaj rozmaryn. Kładź mięso i smaż je po 3 minuty z każdej strony. Zdejmij mięso z patelni, odłóż na deskę, aby chwilę odpoczęło. Do miski wrzuć pachnotkę, skrop sokiem z cytryny, dopraw solą oraz pieprzem. Pieczywo posmaruj musztardą. Mięso pokrój w plastry, ułóż na pieczywie, dodaj cebulę i pachnotkę.

NOODLE Z KREWETKAMI, PACHNOTKĄ, KOLENDRĄ I SZCZYPIORKIEM

250 g makaronu azjatyckiego
250 g krewetek
2 ząbki czosnku
1 łyżeczka sezamu
1 łyżeczka posiekanej drobno papryczki chili
garść kolendry
1 łyżka posiekanego szczypiorku
garść pachnotki
pieprz (do smaku)
olej sezamowy (do smażenia)
2–3 łyżki sosu sojowego

Noodle przygotuj według instrukcji na opakowaniu. Na patelni rozgrzej kilka łyżek oleju. Dodaj krewetki. Smaż przez chwilę, aż się lekko zarumienią. Dodaj drobno posiekany czosnek i chili. Polej sosem sojowym. Wrzuć zioła i delikatnie zamieszaj. Dodaj makaron i smaż przez minutę. Posyp sezamem.

PIETRUSZKA

Najlepsze połączenia:

WARZYWA
WŁOSZCZYZNA • FASOLA • CHILI • POMIDORY • SOCZEWICA • KOPER WŁOSKI • ZIEMNIAKI

OWOCE
• AWOKADO • JABŁKO • CYTRUSY

MIĘSA/RYBY
WOŁOWINA • DRÓB • WIEPRZOWINA • JAGNIĘCINA • KIEŁBASY • BIAŁA RYBA • OWOCE MORZA

NABIAŁ
SER PARMEZAN, RICOTTA • ŚMIETANA • TWAROGI • JAJA • MASŁO

INNE
OLIWA • GRZYBY

ZOFIA CUDNY / PIETRUSZKA

NIEPOZORNA, A JAKŻE CENNA

Choć może się wydawać, że to tylko pietruszka, – w mojej kuchni poświęcam jej sporo uwagi. Czym byłby domowy rosół ratujący samopoczucie w styczniowe mrozy bez posiekanej natki pietruszki? Wielkanocna sałatka warzywna bez dodania garści zielonych listków też nie smakuje już tak samo. A włoski klasyk spaghetti aglio, olio e peperoncino popijany czerwonym winem w czerwcowy wieczór mizernie prezentowałby się na talerzu bez jej aromatu.

Pietruszka towarzyszy mi od dziecka. Na kanapce z soczystym pomidorem też! Mało kto wie, że taka niepozorna zielenina zawiera tyle cennych składników odżywczych, między innymi żelazo, a witaminy C ma więcej niż niejedna cytryna.

Dlatego długo bym się nie zastanawiała, gdyby ktoś mnie zapytał, jaka zielenina rośnie w mojej domowej szklarni przez cały rok!

PRZEPIS **ZOFII CUDNY**

DROŻDŻOWY WIENIEC Z PIETRUSZKĄ

500 g mąki
1 łyżeczka soli
25 g świeżych drożdży
300 ml ciepłej wody
2 łyżki oliwy

FARSZ:
2 pęczki świeżej natki pietruszki
5 ząbków czosnku
1 łyżeczka wędzonej papryki
ok. 120 g orzechów włoskich (wcześniej uprażonych na suchej patelni)
3 łyżki oliwy
kilka kawałków sera pleśniowego lub ser mozzarella (opcjonalnie)
szczypta soli

Świeże drożdże zmieszaj z ciepłą wodą i odstaw na 10 minut. Mąkę przesiej z solą, dodaj drożdże i zagnieć ciasto. Uformuj z niego kulę. Przełóż do miski wysmarowanej oliwą, przykryj folią spożywczą i odstaw w ciepłe miejsce na 30 minut, tak by podwoiło swoją objętość.
Z ciasta uformuj prostokąt. Rozsmaruj na nim oliwę z oliwek, posyp posiekaną natką pietruszki, dodaj wyciśnięty czosnek, posiekane orzechy, wędzoną paprykę, sól i kawałki sera pleśniowego lub mozzarelli. Zwiń wzdłuż boku. Powstały wałek ciasta natnij wzdłuż i obróć 2 wałki, zachowując rozcięcia z farszem na wierzchu. Przewiń jeden wałek na drugi. Uformuj wieniec. Przełóż na przygotowaną blaszkę wyłożoną papierem do pieczenia. Całość przykryj folią spożywczą i odstaw w ciepłe miejsce na 15 minut. Po tym czasie zdejmij folię i piecz w rozgrzanym piekarniku w temperaturze 180°C przez 25 minut (warto sprawdzić 10 minut przed zakończeniem, czy nie za szybko góra się rumieni – jeżeli tak, to przykryj folią aluminiową).

KOKTAJL SUPERFOOD PIETRUSZKOWY

½ pęczka pietruszki
kilka gałązek lubczyku
250 ml soku z jabłek (świeżo wyciśniętego)
1 kiwi
½ łodygi selera
1 łyżeczka spiruliny
1 łyżeczka pyłku pszczelego
sok wyciśnięty z 1 limonki

Kiwi obierz ze skórki, a łodygę selera umyj. Wszystkie składniki wrzuć do blendera i zmiksuj na jednolity koktajl.

PIETRUSZKA
PIETRUSZKA
Baziółka
PIETRUSZKA KARBOWANA

MARCHEWKI PIECZONE Z SYROPEM KLONOWYM, SOSEM SOJOWYM, ORZECHAMI, SEREM I SOSEM SEZAMOWYM

ok. 10 mniejszych kolorowych marchewek
garść orzechów piniowych
ok. 2–3 łyżki rolady sera koziego
½ pęczka pietruszki
4 łyżki oleju sezamowego
porządna szczypta pieprzu
1 łyżka tahini
2 łyżki syropu klonowego
1 łyżeczka sosu sojowego
1 ząbek czosnku

Marchewki umyj i obierz. Piekarnik nagrzej do 220°C. Warzywa polej olejem i syropem klonowym. Wstaw do piekarnika na 50 minut. Do miseczki wlej tahini, sos sojowy, dodaj czosnek przeciśnięty przez praskę oraz pieprz. Wymieszaj i jeśli sos jest za gęsty, dolej odrobinę wody. Upieczone marchewki polej sosem, posyp orzechami, serem i pietruszką.

JAGNIĘCINA PIECZONA W PESTO Z PIETRUSZKI I ROZMARYNU

600 g combra jagnięcego
1 pęczek pietruszki
1 gałązka rozmarynu
1 łyżka sera długodojrzewającego, typu parmezan
80 g oleju rzepakowego
skórka starta z 1 cytryny i sok z niej wyciśnięty
1 łyżeczka płatków chili
1 łyżeczka za'ataru
1 ząbek czosnku
sól i pieprz (do smaku)
60 g bułki tartej
80 g zmielonych na grube okruchy nerkowców

Mięso umyj i osusz. Resztę składników, oprócz bułki, umieść w blenderze i zmiksuj na gęste pesto. Wmieszaj bułkę. Dokładnie wmasuj pesto w jagnięcinę. Umieść w naczyniu żaroodpornym i piecz w temperaturze 200°C pod przykryciem przez 30 minut. Po tym czasie zdejmij przykrycie i piecz jeszcze przez 10–15 minut, aż panierka się zarumieni. Wyjmij mięso i odstaw na 7 minut, aby odpoczęło.

KANAPKA
Z PASTĄ Z KASZY GRYCZANEJ I PIETRUSZKI

100 g kaszy gryczanej
1 łyżka keczupu
⅓ łyżeczki słodkiej papryki
⅓ łyżeczki papryki wędzonej
½ łyżeczki suszonych płatków chili
sól i pieprz (do smaku)
garść pietruszki
6 suszonych pomidorów
olej z pomidorów
kilka łyżek wody
1 duży pęczek pietruszki
2 pęczki rukwi wodnej
4 bułki

Kaszę gryczaną ugotuj według instrukcji na opakowaniu. Ostudź ją i wrzuć do miksera. Dodaj keczup, pomidory, chili, przyprawy, pietruszkę, wlej 3–4 łyżki oleju i 3 łyżki wody. Zmiksuj. Jeśli pasta jest za gęsta, dodaj wody. Dopraw solą i pieprzem. Pastę podawaj z bułką i rukwią wodną.

ROZMARYN

Najlepsze połączenia:

WARZYWA
WŁOSZCZYZNA • MARCHEWKA • CZOSNEK • CEBULA • ZIEMNIAKI

OWOCE
JABŁKA • GREJPFRUT • GRUSZKI • POMARAŃCZE • MORELE • BRZOSKWINIE

MIĘSA/RYBY
BEKON • WOŁOWINA • DRÓB • WIEPRZOWINA • GRILLOWANE RYBY

NABIAŁ
MASŁO • ŚMIETANA • JAJA • MLEKO

TŁUSZCZE
OLIWA

INNE
LIŚĆ LAUROWY • PIECZYWO • MIÓD • GRZYBY

MAIA SOBCZAK / ROZMARYN

Z NIM NIE MOŻNA SIĘ NUDZIĆ

Wpadliśmy na siebie zupełnie niespodziewanie, on – cudownie męski, o silnej budowie i zniewalającym zapachu, ja – delikatna, piegowata, w bladoróżowej sukience, z jasnymi puklami opadającymi na nagie ramiona. Był wysoki i naprawdę oszałamiająco piękny. Wyrósł przez kilka lat tak, że niemal go nie rozpoznałam. Uśmiechnęłam się szeroko, tak naprawdę nie spodziewałam się, że nadal może tu być. Niby przypadkiem, nieśmiało musnęłam go palcami i od razu poczułam jego wewnętrzny, urzekający ogień, opanowanie i jakąś taką siłę... Moje serce zadrżało, myśli stały się przejrzyście jasne, a krew radośnie przyspieszyła, przyprawiając mnie o krępujący pąs na policzkach. Oderwałam delikatnie jedną gałązkę i wcisnęłam ją do butelki z lemoniadą... To była rozmarynowa miłość od pierwszego wejrzenia.

Rozmaryn jest mocnym, wiecznie zielonym i zrównoważonym ziołem. Rozpala do czerwoności serce, a zaraz potem nerki, czyli dokładnie to miejsce, w którym podtrzymywany jest nasz wewnętrzny ogień i... esencja życia. Ogień jest ciepłem, miłością, namiętnością i pasją. Także trawieniem i transformowaniem tego, co już jest – dzięki temu rozmaryn wzmacnia ogień trawienny, a także oczyszczanie, np. górnego układu oddechowego z zalegającej wydzieliny. Swoją wewnętrzną siłą i dobrym nastrojem zaraża wszystkich wokół siebie, wzmacniając m.in. odporność, krążenie krwi i pobudzając do działania nasze główne centrum dowodzenia, czyli mózg i cały układ nerwowy. O rozmarynie można śmiało powiedzieć, że jest duszą towarzystwa, bo swoją dobrą energią rozkręci nawet największego malkontenta.

Z nim zwyczajnie nie można się nudzić, a już na pewno nie w kuchni. Uwielbiam go, tak po prostu, w naparze z gruszką, zupie z trawą cytrynową czy orkiszowych krakersach. Szczególnie dobrze rozmaryn czuje się w deserach – dodaje im szczypty prawdziwej, nieoczywistej magii, sprawiając jednocześnie, że łatwiej się trawią. Jest zawsze uroczy, choćby w moich domowych, delikatnych lodach z pysznym jabłkiem, limonką i cydrem. Zrób je, zjedz, a zakochasz się w rozmarynie bez pamięci – dokładnie tak jak ja.

PS Uważaj, z rozmarynem rodzi się namiętność – to dzięki jego działaniu rozgrzewają się nerki i rozbudza uśpiony ogień!

PRZEPIS **MAI SOBCZAK**

LODY ROZMARYNOWO--LIMONKOWE

3 duże, słodkie jabłka
3 solidne gałązki rozmarynu
3 łyżki masła klarowanego lub innego słodkiego tłuszczu
4 świeże limonki
1 płaska łyżeczka utartej skórki z limonki
ok. 1½ szklanki słodszego cydru jabłkowego
1 duża łyżka syropu imbirowego

Jabłka umyj i obierz ze skórki, wytnij gniazda nasienne i pokrój na mniejsze części. Limonki porządnie umyj, osusz i z jednej z nich zetrzyj skórkę (pozostałe pokrój na połówki i wyciśnij z nich sok). Gałązki rozmarynu obierz z igieł.
W żeliwnym garnku rozgrzej rozmarynowe igiełki, dodaj masło, pokrojone jabłka i podduś pod przykryciem z dodatkiem syropu imbirowego. Po kilku minutach zamieszaj, podlej niewielką ilością cydru i dalej duś pod przykryciem. Po 10 minutach wlej pozostały cydr i duś jabłka przez kolejne 10–15 minut.
Na koniec całość zmiksuj blenderem na gładką masę, dodaj otartą skórkę z limonki i wylej na dość płaskie naczynie. Odstaw do przestygnięcia, a chłodne wstaw do zamrażarki na 1,5–2 godziny. Po tym czasie wyjmij naczynie, całość porządnie zamieszaj, najlepiej blenderem, i wstaw ponownie na 1,5 godziny.
Im częściej powtórzy się ten proces, tym lody będą bardziej puszyste i delikatne. Przyznam się, że jestem w stanie to zrobić tylko dwa razy… za każdym razem podżeram i już niewiele zostaje do mieszania.
Przed podaniem wystaw lody z zamrażarki na 10 minut, żeby nieco odpuściły. Potem łyżką do lodów nakładaj do wafelków, pucharków lub miseczek. Udekoruj kawałkiem świeżej limonki i kilkoma poszatkowanymi igiełkami rozmarynu.

ROZGRZEWAJĄCY, WZMACNIAJĄCY ODPORNOŚĆ NAPAR JABŁKOWY Z IMBIREM, KURKUMĄ, CYNAMONEM, GAŁKĄ, CZERWONYM PIEPRZEM I ROZMARYNEM

1 jabłko
2 gałązki rozmarynu
½ pomarańczy
½ cytryny
1 łyżeczka czerwonego pieprzu
1 płaska łyżeczka cynamonu
5 cm korzenia imbiru
2 łyżki kurkumy
szczypta gałki muszkatołowej
6 łyżek miodu
6 goździków
1 gwiazdka anyżu
woda

Cytrusy i jabłko dokładnie umyj. Pokrój: jabłko w kostkę, imbir w cienkie słupki, a pomarańczę i cytrynę w plastry. Rozmaryn rozetrzyj w dłoniach. Wszystkie składniki, oprócz miodu, wrzuć do garnka. Zalej taką ilością wody, aby przykryć wszystkie produkty. Gotuj na małym gazie pod przykryciem, do czasu aż jabłko się rozpadnie. Na koniec całość dosłodź miodem. Pij gorący napar.

Baziółka
zioła cięte
Rozmaryn
masa netto 15g
kraj pochodzenia: Izrael

ZUPA Z ROZMARYNEM, WOŁOWINĄ I ROZGRZEWAJĄCYMI PRZYPRAWAMI

2-3 gałązki rozmarynu
1 pęczek kolendry
2 garści czerwonej soczewicy
450–500 g wołowiny (pokrojonej w kawałki wielkości kęsa)
3 łyżki masła klarowanego
1 duża czerwona cebula
1 marchewka
1 czerwona papryka
½ papryczki chili
2 łodygi selera naciowego
260 g ugotowanej cieciorki
3 ząbki czosnku
2 cm korzenia imbiru
1 łyżka miodu
1 łyżka musztardy angielskiej
1 łyżka sosu worcestershire
1 łyżka papryki wędzonej
1–2 łyżeczki słodkiej papryki
800 g pomidorów w puszce
ok. 1 l wody
sezam (do posypania)

W garnku rozgrzej masło. Cebulę pokrój w piórka, a marchewkę i seler w plasterki, paprykę w paski. Czosnek przeciśnij przez praskę. Imbir zetrzyj na tarce. Wołowinę pokrój w plastry, chili w drobną kosteczkę. Do garnka wrzuć marchewkę i paprykę, po 2 minutach cebulę i seler, potem imbir i czosnek, następnie cieciorkę i soczewicę. Dodaj wszystkie przyprawy. Smaż przez 2 minuty. Wlej pomidory i wodę. Wrzuć całą gałązkę rozmarynu, musztardę, sos worcestershire i miód. Całość doprowadź do wrzenia i gotuj na małym ogniu. Na koniec wrzuć wołowinę i gotuj jeszcze przez 20-30 minut aż mięso, warzywa i soczewica będą miękkie. Zupę podawaj z kolendrą i sezamem.

SAŁATA Z KACZKĄ PIECZONĄ W JABŁKACH Z ROZMARYNEM, RUKWIĄ WODNĄ I ORZECHAMI

2 pęczki rukwi wodnej
1 pierś z kaczki
2 jabłka
2 gałązki rozmarynu
garść ulubionych orzechów
150 ml soku świeżo wyciśniętego z jabłek
sól i pieprz (do smaku)
3–4 łyżki oleju rzepakowego
1 łyżka skórki otartej z pomarańczy

Sok wlej do rondla i zredukuj płyn, aż powstanie sos. Jabłka umyj i pokrój w cząstki. Mięso ponacinaj od strony skóry i natrzyj solą, pieprzem oraz drobno posiekanym rozmarynem. Jabłka i mięso włóż do naczynia żaroodpornego, skrop olejem i piecz przez 25–30 minut w 200°C. Orzechy podpraż na suchej patelni. Rukiew opłucz i osusz. Gotowe mięso pokrój w plastry, połóż na rukwi, dodaj jabłka i orzechy. Całość skrop sosem z soku jabłkowego i posyp skórką z pomarańczy.

rozmar
Baziółka
roz
ma
ryn

rukiew
Baziółka

WYTRAWNE MUFFINY Z ROZMARYNEM

40 g sera typu cheddar
80 g koziego albo owczego sera
70 g świeżego szpinaku
1½ łyżeczki pokrojonej drobno papryczki chili
125 ml mleka 3,5% tłuszczu
35 g rozpuszczonego masła klarowanego
skórka otarta z 1 cytryny
2 jajka
250 g mąki
1 łyżeczka proszku do pieczenia
czarnuszka (do posypania)
1–2 gałązki rozmarynu
biały pieprz (do smaku)
½ łyżeczki kurkumy
porządna szczypta garam masali

Cheddar zetrzyj na dużych oczkach. Szpinak posiekaj. Masło rozpuść w rondelku. Jajka wbij do miski, dodaj mleko i przestudzone masło. Połącz składniki. Wsyp mąkę i proszek do pieczenia. Zmiksuj. Dodaj cheddar, rozmaryn i szpinak. Delikatnie połącz składniki. Na koniec dodaj posiekaną papryczkę chili, pieprz, garam masalę i kurkumę. Wrzuć skórkę otartą z cytryny. Do foremki na muffiny włóż papilotki. Ciasto umieść do ⅓ wysokości papilotki, pokrusz na wierzchu ser kozi i przykryj ciastem. Posyp czarnuszką oraz posiekanym rozmarynem. Piekarnik nagrzej do 180°C i piecz przez 20–25 minut.

RUKIEW
WODNA

Najlepsze połączenia:

WARZYWA
MARCHEWKA • RZODKIEWKA • ZIEMNIAKI • OGÓREK • SOCZEWICA

OWOCE
CYTRUSY • TRUSKAWKI • OWOCE LEŚNE

MIĘSA/RYBY
ŚLEDŹ • PSTRĄG • WĘDZONA RYBA • DORSZ • MAKRELA • KURCZAK • KRÓLIK

NABIAŁ
PARMEZAN • JAJKA • TWAROŻEK

INNE
MIGDAŁY • ORZECHY

TOMEK WOŹNIAK / RUKIEW WODNA

Z NIĄ JEST SMACZNIE
I PIĘKNIE

Uwielbiam rukiew wodną, ponieważ jest uniwersalna, pasuje do prawie każdego dania, sałatki czy kanapki. To zioło jest jak dżinsy. Chyba właśnie za to cenię ją najbardziej i dlatego zdecydowałem się wybrać ją spośród szerokiej oferty Baziółki.

Nauczyłem się używać rukwi wodnej w mojej kuchni, bo bardzo dużo czasu spędzam w Londynie, a tam towarzyszy mi już od śniadania jako dodatek do omleta lub jajecznicy z wędzonym łososiem z Alaski. Jest też ważnym składnikiem niedzielnego brunchu z chorizo, opiekanymi ziemniakami, pomidorami i awokado. Odgrywa główną rolę w wielu sałatach, głównie tych zdrowych, z quinoa lub dzikim ryżem. Podawana jest także podczas niedzielnego roast, obok pieczonego kurczaka lub ribeye. Wtedy najczęściej skrapia się ją oliwą, doprawia solą w kryształkach Maldon i posypuje startą skórką z cytryny. Osobiście dodaję jeszcze odrobinę świeżo startego chrzanu lub łyżkę ostrej francuskiej musztardy.

Rukiew wodna ma delikatny smak, dlatego tak dobrze komponuje się zarówno z daniami mięsnymi, rybnymi, jak i wegetariańskimi. Pasuje też do porannych smoothies lub modnych obecnie soków warzywno-owocowych wyciskanych na zimno. W smaku przypomina rzeżuchę, bo zazwyczaj rośnie w pobliżu źródeł wodnych i strumieni. Jest bliską kuzynką nie tylko rzeżuchy, lecz także szczawiu, kapusty i rukoli.

Nie dość że dobrze smakuje, rukiew także pięknie wygląda na talerzu. Wystarczy nawet niechlujnie ją rzucić, a prezentuje się z gracją i zawsze mam pewność, że podkręci nie tylko smak, lecz także wygląd dania.

A oto mój przepis: Wymieszaj rukiew wodną z liśćmi szpinaku, kolendry oraz bazylii, a uzyskasz niezwykłą mieszankę na sałatę. Całość skrop oliwą, sokiem cytrynowym, dopraw solą oraz pieprzem i gotowe! Opcjonalnie możesz dodać starty parmezan lub pokruszony ser kozi i pieczone buraki. Taka sałata idealnie pasuje do grillowanej ryby, steku lub jako dodatek do ulubionego spaghetti z klopsikami. Powodzenia!

POŻYWNA MISKA Z RUKWIĄ WODNĄ

100 g kaszy quinoa
2 marchwie
1 brokuł
2 x 100 g piersi z kurczaka
1 łyżka kminu rzymskiego
1 łyżeczka papryki w proszku
1 jabłko
1 łyżka suszonej żurawiny
1 łyżka orzechów włoskich
1 garść rukwi wodnej Baziółka
1 łyżka sezamu
1 łyżka oleju sezamowego
sól i pieprz (do smaku)
oliwa

Rozgrzej piekarnik do 220°C. Ugotuj kaszę quinoa zgodnie z instrukcją na opakowaniu.
Dokładnie umytą marchew pokrój na 2-centymetrowe kawałki, brokuł na małe różyczki. Kurczaka pokrój na 2-centymetrowej grubości paski, skrop oliwą, wymieszaj z połową kminu oraz papryką w proszku. Dopraw do smaku solą i pieprzem.
Kurczaka smaż na mocno rozgrzanej patelnie przez ok. 8 minut. Dzięki szybkiemu smażeniu na dużym ogniu kurczak będzie chrupiący i złocisty z zewnątrz, a w środku soczysty. Marchew i brokuł wymieszaj z pozostałą częścią kminu rzymskiego, dopraw solą i pieprzem, skrop oliwą, przełóż do brytfanki i piecz przez 12 minut.
Pokrój jabłko bez obierania na półcentymetrową kostkę i wymieszaj z quinoa. Następnie dodaj żurawinę oraz pokruszone orzechy włoskie. Upraż sezam na rozgrzanej suchej patelni, aby stał się złocisty i aromatyczny. W misce ułóż obok siebie kolejno: kaszę quinoa, rukiew wodną, chrupiącego kurczaka i pieczone warzywa. Zależy mi na tym, aby wszystkie składniki w czasie podania były widoczne. Na koniec skrop całość olejem sezamowym i posyp sezamem. Smacznego!

WSKAZÓWKI TOMKA
ZMIEŃ NA WEGE: Możesz przygotować miskę w wersji wegetariańskiej z pieczonym tofu lub pieczarką portobello.
STEK LUB RYBA: Kurczaka możesz również zastąpić grillowanym stekiem lub pieczonym łososiem.
NA OSTRO: Jeśli lubisz ostre potrawy, to sałatę możesz polać tajskim sosem Sriracha. Znany jest z londyńskich i nowojorskich barów azjatyckich ze swojej buteleczki z zielonym korkiem.
DODAJ SER: Idealny do takiej sałaty będzie ser kozi lub gouda.
ZAMIEŃ WARZYWO: Brokuł możesz zastąpić kalafiorem, a marchew pieczonym słodkim ziemniakiem.

rukiew
wodna
rukiew
wodna

BURGERY Z TYMIANKIEM, OREGANO I RUKWIĄ WODNĄ

2 szklanki ugotowanej kaszy jaglanej
2 szklanki startej marchewki
garść świeżego tymianku
garść świeżego oregano
1 pęczek rukwi wodnej
2 szalotki
3 łyżki sezamu
1 łyżka kurkumy
1 łyżeczka garam masala
3 ząbki czosnku
¼ szklanki oleju
3 łyżki mąki
½ szklanki bułki tartej
4 łyżki sosu sojowego
2 cm papryczki chili
pieprz (do smaku)
1 szklanka czerwonych porzeczek
⅓ szklanki wody
3 łyżki miodu
1 łyżka octu winnego
łyżka świeżego tymianku
bułki

Kaszę jaglaną ugotuj według przepisu na opakowaniu. Umieść ją w dużej misce. Dodaj drobno posiekaną szalotkę, czosnek przeciśnięty przez praskę, marchewkę, mąkę, bułkę tartą, drobno posiekaną papryczkę chili, sos sojowy i olej. Dokładnie wymieszaj, na koniec dodaj przyprawy i drobno posiekane oregano. Masę odstaw do lodówki na 2 godziny. W tym czasie przygotuj sos. W rondelku umieść czerwone porzeczki, wodę, miód i ocet. Doprowadź do wrzenia, co jakiś czas mieszając.

Pod koniec wrzuć tymianek i odstaw na bok. Rozgrzej piekarnik do 180°C.

Na blaszce rozłóż papier do pieczenia i układaj kotlety warzywne w niewielkich odstępach, tak aby się nie dotykały. Piecz 30 minut. Przekrój bułkę na pół, połóż kotleta, polej sosem, dodaj rukiew wodną i przykryj drugą częścią bułki.

WIOSENNA SAŁATA Z RUKWIĄ WODNĄ I BAZYLIĄ TAJSKĄ

1 pęczek rukwi wodnej
garść świeżej bazylii tajskiej
garść świeżych truskawek
1 plaster sera korycińskiego
kromka pełnoziarnistego chleba
3 łyżki miodu
szczypta soli
szczypta pieprzu
3 łyżki oleju
łyżeczka octu jabłkowego

Nagrzej piekarnik do 200°C. Porwij chleb i wrzuć na blachę, polej olejem, posyp solą i pieprzem. Piecz 10–15 minut, aż chleb się zarumieni i zrobi chrupiący. Do małej miseczki wlej miód, ocet, dodaj szczyptę soli i pieprzu. Dokładnie wymieszaj.
Umyj truskawki i rukiew wodną. Truskawki pokrój na cząstki. W misce umieść rukiew wodną, bazylię tajską i truskawki. Porwij ser koryciński i dodaj grzanki. Całość skrop sosem. Jedz od razu.

CARPACCIO Z POLĘDWICY WOŁOWEJ Z RUKWIĄ WODNĄ I MIĘTĄ

7–8 cienkich plasterków polędwicy wołowej
1 pęczek rukwi wodnej
½ garści mięty
2 łyżki sera gorgonzola
1 łodyga selera
3 łyżki oliwy extra vergine
sok z ½ cytryny
1 łyżeczka musztardy angielskiej
sól morska i świeżo mielony pieprz (do smaku)

Polędwicę pokrój na plasterki. Rozłóż je na papierze do pieczenia, przykryj papierem i za pomocą wałka rozbij na cienkie plasterki. Przełóż mięso na talerz. Do miski wlej 3 łyżki oliwy, musztardę, wyciśnij sok z cytryny, dodaj rukiew wodną, pokrojony w kawałki seler i miętę. Dopraw solą i pieprzem. Delikatnie wymieszaj. Sałatką przykryj mięso i posyp serem.

CHRUPIĄCE KANAPKI Z GRILLOWANYMI WARZYWAMI, RYBĄ I RUKWIĄ WODNĄ

2 filety z pstrąga łososiowego
1 mała cukinia
1 żółta papryka
1 czerwona cebula
4 bułki
4 garści rukwi wodnej
sól, pieprz i łyżeczka słodkiej papryki
olej (do smażenia)
kilka łyżek oliwy
1 łyżka soku z cytryny
½ łyżeczki płynnego miodu
1 łyżeczka ulubionej musztardy
1 ząbek czosnku, przeciśnięty przez praskę

Filety umyj i osusz papierowym ręcznikiem. Pozbądź się ości i pokrój na mniejsze kawałki. Dopraw solą, pieprzem i słodką papryką. Warzywa pokrój w plasterki albo nieregularne kawałki. Na patelni grillowej rozgrzej olej i usmaż warzywa. Dopraw solą i pieprzem. Na koniec dołóż rybę, krótko smaż z obu stron. W misce wymieszaj oliwę, miód, musztardę, czosnek oraz sok z cytryny. Dodaj rukiew wodną i delikatnie wymieszaj. Bułki przekrój na pół, możesz je chwilę podpiec w piekarniku. Do środka wkładaj warzywa, rybę i rukiew wodną z sosem.

SZAŁWIA

Najlepsze połączenia:

WARZYWA
MARCHEWKA • BAKŁAŻAN • KOPER WŁOSKI • CEBULA • PIETRUSZKA • GROSZEK • DYNIA • POMIDORY • KUKURYDZA

OWOCE:
CYTRUSY • GRUSZKI • JABŁKA

MIĘSA/RYBY
WOŁOWINA • JAGNIĘCINA • PANCETTA • WIEPRZOWINA • PROSCIUTTO • CIELĘCINA • KREWETKI • TUŃCZYK

NABIAŁ
MASŁO

INNE
OLIWA

PAWEŁ SACHA / SZAŁWIA

SZAŁ NA SZAŁWIĘ!

Szałwia w kuchni? W doniczce, dla ozdoby? Czemu nie! Na niestrawność, a i owszem. Nikogo też nie dziwi jej wykorzystanie w kosmetykach do pielęgnacji skóry i włosów. No, ale żeby szałwię jeść!? Tak, tak, bez dwóch zdań. Naprawdę warto! Sam się o tym przekonałem. Teraz spróbuję przekonać i was.

Pamiętacie smaki z dzieciństwa? Bez zastanowienia potrafimy wymienić te, które przywołują niezapomniane, często już niepowtarzalne, wspaniałe kulinarne wspomnienia. Często tęsknimy za tymi smakami. Ale były też smaki znienawidzone, choćby wątróbka, szpinak czy zupa mleczna. Mnie także nie przypadł do smakowego gustu jeden specyfik z kręgów okołomedycznych. Otóż, moja mama na chore gardło miała niezawodny, według niej, domowy sposób – płukanie szałwią. Czy rzeczywiście był taki niezawodny, tego nie pamiętam, ale do dziś wspomnienie napełniania ust naparem z szałwii mimowolnie wywołuje krzywy grymas na mojej twarzy.

Czas leci, życie płynie i sprawia nam niespodzianki. Także te kulinarne. Założę się, że każdy może wymienić przynajmniej jedną potrawę czy produkt spożywczy, który – po latach awersji – ochoczo pałaszuje. Mam tak i ja. Roślina, która w dzieciństwie wykrzywiała mi twarz, teraz ukazuje mi nowe, świeże i coraz bardziej fascynujące oblicze. Odkrycia jasnej strony szałwiowego, intensywnego aromatu i ciekawych walorów smakowych dokonałem podczas swoich podróży po Italii, gdzie szałwia znajduje powszechne zastosowanie w kuchni. Tak, tak, Włochy to nie tylko bazylia i oregano. Ja, entuzjasta mięsa i propagator smaku pastrami, pierwszy raz zostałem zaskoczony dodatkiem tego pachnącego zioła właśnie tam. Rozkochałem się w smaku włoskiej pasty z palonym masłem i… szałwią. Jest po prostu świetna!

Tak, w miłość do szałwii wpadłem po uszy, przyznaję, a na pewno po gardło. Rozkoszuję się jej niesamowitym smakiem, w otchłań zapomnienia spychając wspomnienie maminej leczniczej płukanki. Bo szałwia to nie tylko pożyteczna i zdrowa roślina, która znalazła zastosowanie w medycynie i kosmetologii, lecz także doskonała przyprawa wzbogacająca zapach i smak dań mięsnych i jarzynowych. Jest ceniona w niejednej kuchni świata i przez wielu kucharzy. Zaczynam doceniać ją również ja. I coś mi mówi, że tak jak dotąd bazą w mojej kuchni była bazylia, rozmach miał rozmaryn, tak teraz nadchodzi szał na szałwię. Spróbujcie tylko, jak smakują z nią bataty czy zielone, świeże warzywa, no i oczywiście moje ulubione pastrami.

SAŁATKA Z SZAŁWIĄ, BATATEM I PASTRAMI

20 g sałaty masłowej
20 g sałaty strzępiastej
20 g liści szpinaku
15 g cebuli czerwonej
80 g pomidora
80 g kalarepy
80 g batata
15 g ziaren słonecznika
80 g pastrami
1 pęczek szałwii
10 g parmezanu
200 ml oleju (do smażenia)

DRESSING
100 ml oliwy z oliwek
50 g musztardy francuskiej
10 g dymki
10 ml octu jabłkowego
10 liści szałwii
10 ml miodu
sól i pieprz

DRESING: Odważ wszystkie składniki do pojemnika. Cebulę dymkę i szałwię posiekaj razem na desce i dorzuć do reszty. Całość wymieszaj (nie blenduj!). Dopraw solą i pieprzem.

SAŁATKA: Obranego batata pokrój w grubą kostkę i ugotuj do miękkości w małej ilości wody. Umytą, nieobraną kalarepę pokrój w plastry grubości ok. 1 cm, obtocz w oliwie, soli, pieprzu i grilluj z dwóch stron do widocznego osmolenia. Cebulę pokrój w półksiężyce, pomidora w nieregularne kształty. Ziarna słonecznika upraż na patelni. Liście szałwii poszarp i wrzuć na olej rozgrzany do ok. 170°C (30 sekund), a następnie wyjmij na papier, odsącz z tłuszczu i posól. Sałatę oraz szpinak poszarp w rękach, wrzuć do miski razem z wcześniej przygotowanymi składnikami. Dodaj ok. 3 łyżek dressingu, delikatnie zamieszaj. Całość przełóż na talerz, na wierzchu ułóż gorące pastrami, posyp parmezanem i chipsami z szałwii.

CHLEBEK Z SZAŁWIĄ, JABŁKAMI I PLASTRAMI BOCZKU

spora garść szałwii
1 jabłko
4–6 plastrów boczku
1 łyżeczka suchych drożdży instant
600–700 g mąki pszennej plus do podsypywania ciasta
100 ml ciepłego mleka
½ łyżeczki cukru
400 ml ciepłej wody
porządna szczypta soli morskiej
kilka łyżek oliwy ekstra vergine

Drożdże wsyp do miski, zalej mlekiem, przykryj ściereczką i odstaw na bok na 10 minut. Dolej wodę, 4 łyżki oliwy, wsyp sól i cukier. Przesiej mąkę. Połącz składniki i zagnieć ciasto, które powinno być elastyczne i lekko przyklejające się do dłoni. Posmaruj oliwą i odstaw w ciepłe miejsce na 2 godziny. Formę o wymiarach 37 x 26 cm wyłóż papierem do pieczenia. Krótko zagnieć ciasto. Rozłóż w formie do pieczenia. Palcami zrób wgłębienia i ponownie odstaw ciasto do wyrośnięcia na 40 minut. Piekarnik nagrzej do 200°C. Jabłko umyj i pokrój w cienkie plasterki. We wgłębienia ciasta wlej odrobinę oliwy, powkładaj jabłka, boczek i szałwię. Piecz przez 40 minut.

GNUDI
Z DŁUGODOJRZEWAJĄCYM SEREM I PODSMAŻANĄ SZAŁWIĄ

400 g sera ricotta
30 g sera długodojrzewającego (w typie parmezan) + do posypania gotowego dania
ok. 500–600 g mąki pszennej (typu 480)
½ łyżeczki soli
½ łyżeczki startej gałki muszkatołowej
1 łyżeczka kurkumy
½ łyżeczki pieprzu
skórka otarta z ½ cytryny
ok. 2 garści szałwii
1–2 łyżki masła klarowanego
osolona woda (do gotowania)

Widelcem rozgnieć ser ricotta. Dodaj starty na drobnych oczkach ser długodojrzewający, sól, pieprz, kurkumę i gałkę. Wrzątkiem sparz cytrynę. Osusz i zetrzyj skórkę. Dodaj do sera. Wsyp przesianą mąkę. Zagnieć. Uformuj kulki i odkładaj na talerz oprószony mąką. Wstaw do lodówki na minimum 4 godziny.
W garnku zagotuj osoloną wodę. W tym czasie na patelni rozpuść masło, dodaj szałwię i smaż przez chwilę, do czasu aż listki się zarumienią. Odsącz je na ręczniku papierowym z nadmiaru tłuszczu. Do gotującej się wody wkładaj kulki, gotuj przez 4–5 minut albo trochę dłużej (zależy od ich wielkości), powinny być miękkie i rozpływające się w ustach. Podawaj z szałwią, startym serem i masłem szałwiowym z patelni.

Szałw

POMIDORY PIECZONE Z SZAŁWIĄ I SEREM DŁUGODOJRZEWAJĄCYM

4 średniej wielkości pomidory
garść szałwii
5–6 łyżek oleju rzepakowego
ok. ½ łyżeczki soli morskiej
ok. ⅓ łyżeczki pieprzu świeżo mielonego
3–4 łyżki startego sera długodojrzewającego, typu parmezan

Piekarnik rozgrzej do 220°C. Pomidory umyj, osusz i przekrój wzdłuż. Ułóż je w naczyniu żaroodpornym. Skrop olejem, posyp solą i pieprzem. Piecz przez 20–30 minut. Po tym czasie posyp posiekaną szałwią i startym serem. Piecz przez kolejne 5–10 minut. Jedz gorące z ulubionym pieczywem.

szałwia
WYPRODUKOWANO
BEZ UŻYCIA PESTYCYDÓW
Baziółka

szałwia

KREM Z KUKURYDZY Z MAJERANKIEM I SZAŁWIĄ

3 kolby kukurydzy
½ cebuli
2 łyżki masła
2 ząbki czosnku
3 cm papryczki chili
3 szklanki bulionu warzywnego
4 łyżki sera koziego
garść świeżego majeranku
garść świeżej szałwii
porządna szczypta gałki muszkatołowej
½ łyżeczki kurkumy
sól i pieprz (do smaku)
olej (do smażenia)

Przygotuj kolby kukurydzy, postaw je pionowo na desce, nożem odkrój ziarna (z góry do dołu). Pokrój drobno cebulę i czosnek. Rozgrzej masło w garnku, wrzuć cebulę. Kiedy cebula się zeszkli, dodaj czosnek. Podsmaż chwilę. Wrzuć pokrojoną drobno papryczkę chili i kukurydzę. Wlej bulion. Dodaj posiekany majeranek. Gotuj do czasu, aż kukurydza zmięknie. Na koniec dodaj przyprawy. Zmiksuj zupę na krem, jednocześnie dodając ser kozi. Dopraw solą i pieprzem. Przecedź przez gęste sito. Na patelni rozgrzej olej, wrzuć szałwię i smaż, dopóki ładnie się nie zarumieni.
Zupę podawaj gorącą, ze smażoną szałwią.

SZCZAW
CZERWONY

Najlepsze połączenia:

WARZYWA
IMBIR • SAŁATA

OWOCE
GRUSZKA • POMARAŃCZE

MIĘSA/RYBY
WIEPRZOWINA • ŁOSOŚ • MAKRELA

NABIAŁ
JAJKA • SERY: FETA, KOZI, MOZZARELLA,PARMEZAN

INNE
BAZYLIA • GRZYBY

ANDRZEJ POLAN / SZCZAW CZERWONY

DLA MNIE... SZCZAWIK

Każdy lubi wracać do wspomnień z dzieciństwa. Moje jedno z wielu to, jak w domu Babcia Lucyna gotowała zupę szczawiową. Taką prawdziwą, kwaśną z dodatkiem wiejskiej śmietany od Żerkowej, jajek z targu czwartkowego i kopru z ogródka. A gdzie szczaw? Pewnie myślicie, że zapomniałem. Nie, nie. Po szczaw (nie na szczaw) chodziliśmy na pola. Sam tego nie robiłem, bo pewnie przyniósłbym więcej innych zielonych liści, chodziłem z Babcią. Ona pokazała mi, jak wygląda, jak rośnie i jak smakuje. Zrywany prosto z łąki i jedzony od razu smakował super, choć był kwaśny tak, że aż szczypało w usta. Miał piękny zielony kolor z bordowymi obwódkami. Tak, tak było, ale wiem, że to się już nie powtórzy. Pola zaorano, wyrosły na nich osiedla... i tyle. Jak więc miło, że szczaw z Baziółek budzi we mnie takie wspomnienia. Podobny w kolorze, bardzo delikatny, lekko kwaskowy. Świeży doskonale pasuje do wielu dań, czy to w formie sałatek, czy jako element dekoracyjny.

Dla mnie szczaw jest tak naprawdę szczawikiem. I to zdrobnienie nie wynika z jego delikatności czy finezji. Okej, niech będzie, że z sentymentu, bo miłości wyznawać mu nie będę. A może...

BIAŁA KIEŁBASA Z KOPYTKAMI I JAJKIEM

1 kg ziemniaków (gotowanych w mundurkach, koniecznie!)
1 szklanka mąki pszennej
100 g sera Bursztyn (startego)
1 jajko
sól

Ugotowane ziemniaki, jeszcze gorące, obierz ze skórki, dodaj mąkę, sól i trzymając na palniku, dokładnie wymieszaj i wyrób, potem lekko ostudź. Następnie dodaj jajko i ser tarty. Sprawdź, czy ciasto ma smak (zapewniam, że to nikomu nie zaszkodzi), potem formuj małe wałki i po lekkim ich spłaszczeniu pokrój na małe kluski. Gotuj od razu w wodzie z solą i gałązkami kopru.

500 g kiełbasy białej surowej
150 ml śmietany 36% tłuszczu
150 ml mleka
czarny pieprz, sól
szczypiorek
jajka przepiórcze
150 g sera bundz lub korycińskiego
1 pęczek rzodkiewki
szczaw, ile wlezie
koperek

Na patelnię wrzuć kiełbaski (bez osłonek!!!). Smaż do momentu, aż tłuszcz się wytopi, a mięso się zarumieni. Jeżeli tłuszczu wytopi się dużo, odlej jego nadmiar, do pozostałego zaś na patelni dodaj mleko i śmietankę. Dopraw solą, czarnym pieprzem (najlepiej świeżo zmielonym, pachnącym i ostrym). Jak tylko sos zgęstnieje i nabierze smaku, przełóż go do naczynia żaroodpornego. Dodaj szczypiorek.
Na sos wykładaj kopytka, potargany własnoręcznie i niedbale ser, w puste miejsca wbij jajka przepiórcze i wszystko wstaw do nagrzanego piekarnika. Piecz do momentu, aż kopytka się zarumienią i ser się roztopi. Po wyjęciu z piekarnika posyp delikatnymi listkami szczawiu połączonego z pokrojoną rzodkiewką. Udekoruj gałązkami koperku.

CHLEB Z PODSMAŻANYMI GRZYBAMI, SZCZAWIEM, SZCZYPIORKIEM I SEREM

4–6 kromek ulubionego pieczywa
250 g pieczarek
2 garści szczawiu
⅓ pęczka posiekanego szczypiorku
2 ząbki czosnku, przeciśnięte przez praskę
4 łyżki klarowanego masła
1 kulka bawolego sera mozzarella
2–3 czubate łyżki śmietany 18% tłuszczu
1 cebula biała
sól i pieprz (do smaku)
porządna szczypta gałki muszkatołowej

Grzyby umyj i pokrój w nieregularne kawałki. 3 łyżki masła rozgrzej na patelni, wrzuć grzyby i smaż do momentu, aż się zarumienią. Pod koniec smażenia dodaj czosnek i drobno posiekaną cebulę. Wlej śmietanę i całość zamieszaj. Dopraw solą, pieprzem i gałką muszkatołową. W międzyczasie rozgrzej piekarnik do 200°C. Kromki chleba posmaruj masłem, podpiecz (ok. 10 minut). Potem połóż na nie grzyby oraz ser i zapiekaj przez kolejne 2–3 minuty, aż ser się rozpuści. Szczaw opłucz i wysusz. Kanapki podawaj ze szczawiem i szczypiorkiem.

szczaw
czerwony szczaw
czerwony szczaw

LEKKA SAŁATA Z RUKWIĄ WODNĄ, SZCZAWIEM CZERWONYM, GROSZKIEM ZIELONYM, BORÓWKAMI I ŚLIWKAMI

pęczek rukwi wodnej
pęczek szczawiu
garść zielonego groszku
kilka małych śliwek
garść borówek
2 łyżki soku z cytryny
5 łyżek oleju lnianego
łyżeczka musztardy
sól i pieprz do smaku

Groszek ugotuj i przelej zimną wodą. Owoce, rukiew, szczaw umyj i osusz. Śliwki pokrój w kawałki. W małej miseczce umieść musztardę, olej i sok z cytryny – wymieszaj składniki i dopraw solą oraz pieprzem. W misce umieść wszystkie składniki, polej sosem i delikatnie wymieszaj.

SAŁATKA Z CZERWONEJ KAPUSTY Z MARCHEWKĄ, JABŁKIEM, SZCZAWIEM, KOLENDRĄ, ORZECHAMI I GRANATEM

120 g czerwonej kapusty
1 średniej wielkości marchewka
1 jabłko
garść ulubionych orzechów
4 łyżki ziarenek granatu
1 pęczek szczawiu
garść kolendry
3 łyżki oliwy z oliwek
sól i pieprz (do smaku)
sok wyciśnięty z ½ cytryny
1 łyżka musztardy angielskiej

Orzechy podpraż na suchej patelni. Kapustę pokrój w drobne paski, jabłka w cienkie plasterki, a marchewkę zetrzyj na tarce. Do miski wrzuć warzywa, jabłko, szczaw, kolendrę, dodaj orzechy i granat. Polej oliwą, sokiem z cytryny i musztardą. Całość wymieszaj, dopraw solą i pieprzem.

TARTA Z ŁOSOSIEM, CZERWONYM SZCZAWIEM I KOPERKIEM

2 jajka
150 g schłodzonego masła
½ łyżeczki soli
250 g mąki orkiszowej
1 cebula
100 g wędzonego łososia
1 pęczek czerwonego szczawiu
garść zielonych oliwek
250 ml śmietany 18% tłuszczu
5 łyżek startego parmezanu + 4–5 łyżek (do posypania)
sól i pieprz (do smaku)
½ pęczka koperku
1 łyżka kurkumy
1 łyżka za'ataru
6 łyżek mleka

Do miski wbij jedno jajko, dodaj pokrojone w kostkę masło, wsyp przesianą mąkę i sól. Całość szybko zagnieć. Ciasto rozłóż na foremce do pieczenia tarty o średnicy ok. 30 cm, ponakłuwaj widelcem i wstaw do zamrażalki na 20 minut. W tym czasie do miski wlej śmietanę, mleko, wbij jajko, starty parmezan, dopraw solą, pieprzem, kurkumą i za'atarem. Całość połącz. Cebulę posiekaj w piórka. Oliwki przekrój na pół. Szczaw opłucz i wysusz. Piekarnik rozgrzej do 180°C. Schłodzone ciasto wyjmij i rozłóż na nim cebulę, kawałki łososia, oliwki i szczaw. Całość zalej śmietanową mieszanką. Piecz przez ok. 40 minut, aż tarta się upiecze i śmietana zetnie. Pod koniec pieczenia posyp tartę resztą sera.
Podawaj z posiekanym koperkiem.

Szczaw
czerwony

TYMIANEK

Najlepsze połączenia:

WARZYWA
WŁOSZCZYZNA • BRUKSELKA • KAPUSTA • SELER NACIOWY • BAKŁAŻAN • KOPER WŁOSKI • BURAKI • CEBULA • PASTERNAK • ZIEMNIAKI • POMIDORY

OWOCE
JABŁKA • CYTRYNA • MORELA • BRZOSKWINIE

MIĘSA/RYBY
BOCZEK • WOŁOWINA • DRÓB • JAGNIĘCINA • WIEPRZOWINA • DZICZYZNA • DORSZ • PSTRĄG

NABIAŁ
MASŁO

INNE
GRZYBY

ELIZA MÓRAWSKA-KMITA / TYMIANEK

LATO
W ŚRODKU ZIMY

„Dzieła zebrane" i gałązka dzikiego tymianku, włożona pomiędzy kartki, przypomniały mi w środku zimy o wakacjach. Roztarty w palcach pokruszył się, pozostawiając po sobie wspomnienie ciepłych wieczorów, kiedy wyjmowałam z piekarnika ciasto z morelami. Pszczoły uwijające się nad ulem, słoiki z ziołomiodem, biała focaccia pokrojona na grube kwadraty oprószone płatkami soli.

Kiedyś przeczytałam, że tymianek to ulubione zioło Francuzów. I pomyślałam, że moje też, bo zawsze mam go w domu. Zimą w doniczce na oknie, latem w skrzynce na balkonie. Kiedy nie wiem, jakie zioło dodać, sięgam właśnie po macierzankę. I choć najczęściej używa się jej do potraw wytrawnych, ja chętnie korzystam z niej, kiedy chcę doprawić ciasto lub owoce. Idealnie współgra z jabłkami, śliwkami czy morelami. Z wanilią smakuje wyśmienicie. Tymianek parzę jak ziołową herbatkę albo świeże listki dodaję do gorącego naparu, z miodem, imbirem i cytryną. Lubię delikatną, cytrynową wersję tymianku. Jej gałązki układam na białej rybie, doprawiam masłem i solą i piekę przez chwilę w piekarniku. Ale z latem kojarzy mi się najbardziej ciasto morelowe.

PRZEPIS **ELIZY MÓRAWSKIEJ-KMITY**

TARTE TATIN Z JABŁKAMI I TYMIANKIEM

KRUCHE CIASTO:
150 g mąki
100 g masła pokrojonego w małe kawałeczki
2 żółtka

OWOCE:
80 g brązowego cukru
40 g masła
500–700 g pokrojonych jabłek
½ łyżeczki świeżego tymianku, drobno pokrojonego

CIASTO: Zagnieć wszystkie składniki na gładkie kruche ciasto i włóż do lodówki na ½ godziny.

W tym czasie przygotuj jabłka: na dużej patelni o średnicy 26 cm (ja używam ze stali nierdzewnej ze stalową rączką), rozgrzej masło z cukrem. Kiedy zacznie się karmelizować, wrzuć jabłka i tymianek i smaż ok. 10 minut (bardzo ważne: nie przekręcaj ich zbyt często, bo się rozpadną, a nie powinny). Kiedy jabłka będą gotowe, wyjmij z lodówki ciasto i rozwałkuj je na krążek o średnicy większej niż średnica patelni.
Ciasto ułóż na jabłkach, podwiń brzegi ciasta do środka i wstawić do piekarnika nagrzanego do 200°C. Piecz 20 minut, następnie zmniejsz temperaturę do 160°C i piecz przez kolejne 20 minut. Po upieczeniu wyjmij z piekarnika, nożem odsuń brzeg ciasta od patelni, na wierzch patelni połóż duży talerz i jednym ruchem przewróć tartę na talerz. Może się okazać, że do patelni przywarło część owoców. To nic strasznego – odrywamy je delikatnie nożem i układamy na cieście. Jeśli ciasto jest gorące, to jabłka ładnie się „wkleją" z powrotem.

TOSTY FRANCUSKIE Z CHAŁKI Z TYMIANKIEM I MIĘTĄ

5–6 kromek chałki
ok. 2 garści świeżych malin
1–2 łyżki nasion chia
kilka gałązek tymianku
garść mięty
2 jajka
szczypta soli
½ łyżeczki cynamonu
1 łyżeczka ekstraktu z wanilii
kilka łyżek masła orzechowego
⅓ szklanki mleka
kilka łyżek masła klarowanego
golden syrop (do polania)

Do miski wbij jajka, wlej mleko, dodaj wanilię, sól, cynamon i listki tymianku. Składniki połącz ze sobą. Chałkę pokrój w grube kromki. Masło rozpuść na patelni. Chałkę krótko maczaj w mleku z jajkami i przyprawami. Kładź na patelni i smaż z obu stron, aż się ładnie zarumienieni. Usmażoną odkładaj na ręcznik papierowy. Tosty podawaj posmarowane masłem orzechowym, polane syropem i posypane malinami, nasionami chia oraz porwaną miętą.

BUŁECZKI NADZIEWANE MIĘSEM Z TYMIANKIEM I OREGANO

garść tymianku
½ garści oregano
250 g mielonej wieprzowiny
4 łyżki oleju rzepakowego
1 średniej wielkości cebula
1 duża marchewka
2 liście laurowe
kilka ziaren ziela angielskiego
1 łyżka papryki wędzonej
½ łyżeczki słodkiej papryki
½ łyżeczki płatków chili
1 łyżeczka musztardy angielskiej
szczypta gałki muszkatołowej
1 ząbek czosnku
100–150 ml wody
sól i pieprz (do smaku)
20 g świeżych drożdży
500–600 g mąki pszennej
140 ml letniego mleka
100 g masła
2 łyżeczki cukru
1 żółtko
czarnuszka (do posypania)

Mleko lekko podgrzej i odstaw na bok. Masło rozpuść. W misce rozetrzyj w dłoniach drożdże z cukrem, wlej mleko, wsyp 2 łyżki mąki. Połącz składniki i odstaw pod przykryciem na ok. 15 minut. Po tym czasie dodaj masło i przesiej resztę mąki. Zagnieć ciasto, tak aby nie kleiło się do dłoni, i odstaw przykryte w ciepłe miejsce na ok. 2 godziny. W tym czasie przygotuj farsz.
Cebulę pokrój w kostkę. Marchewkę umyj, obierz i zetrzyj na tarce, na drobnych oczkach. Rozgrzej olej. Wrzuć marchewkę, ziele angielskie i liście laurowe. Podsmaż przez 2 minuty i dorzuć cebulę. Smaż przez chwilę, dodaj mięso i czosnek przeciśnięty przez praskę. Wlej wodę, dodaj wszystkie przyprawy i musztardę. Na koniec listki tymianku i oregano. Dopraw do smaku solą i pieprzem. Gotowy farsz odstaw do wystygnięcia. Z wyrośniętego ciasta formuj kulki z wgłębieniem. Do każdej takiej bułeczki włóż 1–2 łyżki farszu i zaklej ciastem tak, aby farsz był zakryty. Wypełnione bułeczki odkładaj na blachę wyłożoną papierem do pieczenia, przykryj ściereczką i pozostaw na pół godziny. Piekarnik rozgrzej do 180°C. Bułeczki posmaruj roztrzepanym żółtkiem, posyp czarnuszką i piecz przez 20 minut.

oregano

RISOTTO Z KACZKĄ I TYMIANKIEM

pierś z kaczki
2 łodygi selera naciowego
4–5 łyżek listków tymianku
400 g ryżu do risotto
1 duża cebula
2 ząbki czosnku
¾ szklanki cydru jabłkowego
1 litr bulionu warzywnego
sól i pieprz (do smaku)
4 łyżki masła klarowanego
3–4 łyżki dobrej jakości masła
ok. 2 garści startego sera długodojrzewającego

Cebulę, czosnek i seler pokrój w drobną kostkę. Na patelni rozgrzej masło klarowane. Wrzuć do niej cebulę, czosnek, seler oraz porządną szczyptę soli. Podsmaż przez chwilę. Dodaj ryż. Wlej połowę cydru i smaż, do momentu aż ryż wchłonie płyn. Dolej resztę cydru. Kolejno dolewaj po chochli bulionu. Następną łyżkę płynu wlej dopiero, jak ryż wypije tę poprzednią. Pod koniec dodaj kaczkę pokrojoną w plastry i tymianek. Dopraw solą i pieprzem. Kiedy kaczka będzie gotowa, wyłącz gaz, wmieszaj masło oraz ser.

ZUPA CEBULOWA ZAPIEKANA Z SEREM I TYMIANKIEM

ok. 1 kg cebuli
ok. 1 l bulionu warzywnego
kilka łyżek masła klarowanego
5 łyżek tymianku
sól i pieprz (do smaku)
1 łyżka cukru
3 liście laurowe
ok. 1 łyżeczki kminku
¾ szklanki cydru
2 ząbki czosnku
5 ziarenek ziela angielskiego
kilka kromek ulubionego pieczywa
ser typu cheddar

Cebulę pokrój w nieregularne, małe kawałki. W garnku rozgrzej masło. Wrzuć liście laurowe, tymianek i ziele angielskie. Po minucie dodaj cebulę i obrany czosnek przekrojony na pół. Dopraw solą i cukrem. Smaż przez kolejną minutę. Wlej cydr. Zwiększ ogień i odparuj alkohol. Smaż, do momentu aż cebula się skarmelizuje. Wlej część bulionu i gotuj, aż cebula zmięknie. Odstaw do wystygnięcia. Wyjmij liście laurowe i ziele angielskie. Zmiksuj na gładki krem. Jeśli zupa jest za gęsta, dodaj więcej bulionu. Dopraw solą, pieprzem i kminkiem. Piekarnik nagrzej do 200°C. Na blasze rozłóż papier do pieczenia. Połóż na nim pokrojony chleb. Posyp startym serem. Grzanki piecz, do momentu aż ser się rozpuści. Zupę podawaj z serową grzanką.

WŁAŚCIWOŚCI LECZNICZE ZIÓŁ

Viola Urban
dyplomowany dietetyk medyczny

BAZYLIA

Wspomaga procesy trawienne, pobudzając wydzielanie soku żołądkowego oraz żółci. Dzięki temu łagodzi wzdęcia i inne negatywne objawy problemów przewodu pokarmowego. Świeże liście bazylii są szczególnie polecane do dań o wysokiej zawartości tłuszczu. Kilka jej listków na pizzy lub makaronie z dużą zawartością oliwy w sosie może bardzo pomóc w trawieniu takiego posiłku.

W bazyliowym olejku eterycznym upatruje się właściwości obniżających poziom markerów stresu oksydacyjnego. Prowadzone są także badania nad leczniczymi właściwościami olejku z liści bazylii w przypadku łagodzenia objawów depresji i zaburzeń pamięci. Warto więc codziennie spożywać świeżą bazylię obfitującą w olejki eteryczne w nieprzetworzonej formie, aby zapobiegać tego typu zaburzeniom.

Niektóre odmiany bazylii mogą też wpływać na obniżenie glikemii poposiłkowej oraz, długofalowo, na stężenie cholesterolu i trójglicerydów we krwi. Ponadto listki bazylii wykazują łagodne działanie uspokajające i kojące, dlatego mogą stanowić godną polecenia alternatywę dla naparu z melisy u osób narażonych na stres i odczuwających nerwobóle.

BAZYLIA TAJSKA

Na tle innych odmian bazylii wyróżnia się tym, że posiada intensywnie anyżowy aromat. Oznacza to, że liście tej rośliny mają wyższą zawartość olejków eterycznych. Z uwagi na swoje właściwości usprawniające trawienie, bazylia tajska znalazła szerokie zastosowanie w kuchni azjatyckiej. Garść tego zioła dodana do tłustego curry na mleczku kokosowym sprawia, że danie staje się przyjemnie lekkie w smaku i zdecydowanie łatwiejsze do strawienia. Pobudzenie pracy woreczka żółciowego ma tu kluczowe znaczenie

Bazylia tajska, podobnie jak odmiana klasyczna, ma działanie łagodzące stres i wszelkiego rodzaju napięcia. Już sam zapach liści bazylii tajskiej pomaga się zrelaksować i odprężyć. Napar z liści tej rośliny jest polecany osobom prowadzącym szczególnie wyczerpujący tryb życia. Kojące działanie bazylii tajskiej na układ nerwowy warto wykorzystać zwłaszcza w okresie dużego obciążenia psychicznego.

Zawarty w jej liściach błonnik pokarmowy i flawonoidy pomagają także obniżyć we krwi poziom „złego" cholesterolu i trójglicerydów. O dodatku świeżych ziół do potraw powinni pamiętać wszyscy, który zmagają się z podwyższonym ryzykiem miażdżycy i innych chorób układu sercowo-naczyniowego.

KOLENDRA

Uważana jest za wyjątkowo wartościowy element diety, z uwagi na wysoką zawartość antyoksydantów. Potencjał listków kolendry do walki z wolnymi rodnikami jest ogromny. Według danych zebranych przez USDA (Departament Rolnictwa Stanów Zjednoczonych), niepoddana obróbce termicznej kolendra zawiera ponad trzy razy więcej substancji o działaniu antyoksydacyjnym niż czerwona kapusta i mniej więcej tyle samo tych substancji co borówki. Badanie tego typu przeprowadza się wprawdzie w probówkach, ale daje to pogląd, jak dużo ochronnych substancji znajduje się w świeżych ziołach. Obrona organizmu przed działaniem wolnych rodników to jedno z kluczowych założeń ochrony przed nowotworami i innymi chorobami cywilizacyjnymi. Jedno z badań na ekstrakcie z kolendry wykazało, że może ona opóźniać fotostarzenie skóry i działa ochronnie na włókna kolagenu.

Oprócz przeciwutleniaczy kolendra zawiera też sporo składników mineralnych i witamin. Są to przede wszystkim: magnez, potas, żelazo, wapń oraz witamina C, E i kwas foliowy. Dobrym pomysłem na przemycenie większej ilości tego zioła do diety jest przygotowanie zimnego sosu typu pesto lub mocno kolendrowej marynaty do mięsa.

Ciekawym badaniem bazującym na właściwościach przeciwzapalnych i antybakteryjnych ziół jest wykorzystanie mieszanki ekstraktów alkoholowych z mięty, melisy i liści kolendry do łagodzenia objawów zespołu jelita drażliwego. Trwają także badania nad wpływem kolendry na poprawę funkcjonowania wątroby. Za sprawą właściwości żółciopędnych zielona kolendra usprawnia trawienie tłuszczów. Właśnie dlatego dodaje się ją często do curry na mleczku kokosowym oraz chili con carne z wołowiną.

LUBCZYK

Świeży lubczyk, podobnie jak inne rośliny z rodziny selerowatych, pomaga w trawieniu. Działa szczególnie intensywnie, jeśli dodamy go na sam koniec gotowania. Długie podgrzewanie liści lubczyku wprawdzie wyzwoli z niego aromat, ale większość olejków eterycznych wciągniemy nosem, zamiast odczuć ich dobroczynne działanie na układ pokarmowy. Sugeruję zatem dodać część lubczyku do bulionu już w pierwszej fazie gotowania, a resztę tuż przed podaniem. W ten sposób skorzystamy z naturalnej aromaterapii, a jednocześnie jelita podziękują nam za wsparcie trawienia.

Zioło to zawiera też sporo polifenoli, dzięki czemu pomaga regulować poziom cholesterolu w organizmie. Przy stwierdzonej miażdżycy i nieprawidłowym profilu lipidowym lubczyk jest jak najbardziej wskazany.

Lubczyk pomaga też w odksztuszaniu, dlatego napar z tego zioła polecany jest w leczeniu wszelkiego rodzaju infekcji górnych dróg oddechowych. Wzbogacenie go naturalnym miodem i sokiem z cytryny sprawi, że napój będzie smaczniejszy i jeszcze bardziej odżywczy.

Być może słyszeliście, że lubczyk jest afrodyzjakiem. Na pewno poprawia ukrwienie – zarówno mózgu, jak i narządów płciowych. Prawdopodobnie dlatego trafił na listę produktów podnoszących libido. W końcu inteligencja jest bardzo sexy, a dobrze dotleniony mózg bez wątpienia jej sprzyja.

MAJERANEK

Ziele majeranku od wieków cieszy się niesłabnącą popularnością nie tylko w świecie kulinariów. Napar z niego pomaga też w wielu dolegliwościach zdrowotnych, np. w łagodnych infekcjach dróg oddechowych czy uporczywym, mokrym kaszlu. Sprawdza się również jako remedium na ból gardła i suchy kaszel. Babcine metody to także inhalacje z tego zioła w przypadku zatkanego nosa czy bólu zatok, w majeranku bowiem zawarte są olejki eteryczne o właściwościach przeciwzapalnych.

Napar z majeranku, podobnie jak z korzenia imbiru, skutecznie zapobiega wymiotom, dlatego jest naturalnym sprzymierzeńcem ujarzmiania mdłości, np. w pierwszym trymestrze ciąży. Wynika to w dużej mierze z jego delikatnie rozkurczowego działania na śluzówkę żołądka. Ponadto pobudza wydzielanie soku żołądkowego oraz enzymów trawiennych. Nie dziwi więc obecność majeranku w tłustych, ciężkostrawnych, bogatych w białko potrawach. Pomocne jest także picie naparu z majeranku – trawienie przychodzi wtedy o wiele łatwiej. Znajduje zastosowanie również w dietach odchudzających, ponieważ pobudza perystaltykę jelit. Zdrowotne dobrodziejstwa majeranku wykorzystuje się od dawna także w zaburzeniach hormonalnych. Wyniki przeprowadzonego badania na grupie kobiet z zespołem policystycznych jajników i aktywną insulinoopornością sugerują, że włączenie do diety naparu z majeranku poprawia wrażliwość insulinową i zmniejsza produkcję androgenów.

MIĘTA

Mięta jest nieocenionym pomocnikiem w przypadku dolegliwości żołądkowych. Wie o tym ten, kto kiedykolwiek zmagał się z problemami takimi jak mdłości czy niestrawność. Liście mięty zawierają bowiem mentol, czyli olejek eteryczny o działaniu antyseptycznym, przeciwbólowym i przeciwwirusowym. Już sam zapach mięty delikatnie łagodzi bóle migrenowe i napięcie mięśni gładkich, np. podczas menstruacji. W badaniach wykorzystywano też olejek miętowy do łagodzenia bólu w zwyrodnieniowej chorobie stawów.

Mentol orzeźwia, odświeża i ochładza. Przegryzanie świeżych listków mięty pomaga w trawieniu, oczyszcza kubki smakowe, odświeża oddech. Z powodu swojego wyjątkowowego zapachu i antybakteryjnych właściwości mięta jest niezastąpionym składnikiem wszelkiego rodzaju past do zębów, płukanek do higieny jamy ustnej i gum do żucia.

Badania naukowe wykazały, że wzbogacenie diety ekstraktem miętowym pozytywnie wpłynęło na osoby z zaburzeniami snu i nastroju. Inne badanie wzięło pod lupę właściwości antyandrogenne naparu z mięty. Okazało się, że regularne picie mocnego naparu z mięty może zniwelować objawy związane z nadmiarem męskich hormonów u kobiet cierpiących na zespół policystycznych jajników (PCOS).

Mięta to także skarbnica wartości odżywczych. W zależności od gatunku, zawiera mniejsze lub większe ilości garbników i mentolu, które chronią organizm przed wolnymi rodnikami. Ma też w składzie sporo witaminy C, karotenu, wapnia, żelaza, potasu i magnezu. Kilka listków zdobiących danie może niewiele zmieni, ale gdy spałaszujemy miętowe pesto albo kremowy sos jogurtowo-miętowy, dostarczymy organizmowi solidnej dawki składników odżywczych.

MELISA

Właściwości prozdrowotne melisy znane są już od starożytności, zwłaszcza uspokajająco-relaksacyjne, jako że wpływa na obniżenie ciśnienia. Wykorzystuje się ją do leczenia bezsenności, łagodzenia stanów lękowych, depresyjnych i nerwicowych. Badania sugerują, że melisa może mieć także zastosowanie w dietoterapii dzieci z ADHD. Regularne spożywanie melisy niweluje wszelkiego rodzaju napięcia, np. skurcze menstruacyjne czy bóle głowy. Pomaga także ukoić żołądek i jelita dzięki rozluźnianiu mięśni gładkich.

Melisa działa też przeciwzapalnie. Zawarte w jej liściach przeciwutleniacze i inne związki bioaktywne skutecznie zmniejszają stany zapalne w organizmie oraz wpływają na obniżenie poziomu „złego" cholesterolu (LDL) we krwi.

Nie do końca wiemy, dlaczego tak jest, ale melisa pozytywnie wpływa na procesy poznawcze. Warto więc włączyć ją do diety w okresie intensywnego wysiłku intelektualnego oraz – prewencyjnie – do diety osób starszych z wysokim ryzykiem demencji lub cierpiących na chorobę Alzheimera.

Melisę stosuje się nie tylko doustnie, lecz także w postaci kojących inhalacji, płukanek do jasnych włosów czy łagodzącego toniku na skórę. Świetnym pomysłem są też relaksujące kąpiele z dodatkiem melisy. Warto przy tym pamiętać, że świeża melisa zawiera zdecydowanie więcej prozdrowotnych olejków eterycznych niż jej suszony odpowiednik.

OREGANO

Naukowcy intensywnie badają właściwości olejku z oregano, mamy zatem całkiem pokaźną bazę wiedzy na temat tego zioła. Okazuje się, że poza oczywistym zastosowaniem lebiodki w kuchni możemy wspomagać nim terapię wielu schorzeń: od niewinnych przeziębień przez grzybicę aż po zakażenia pasożytami. Nie należy tylko mylić leczenia ze wsparciem leczenia. Dodatek kilku listków oregano do diety nie wywoła spektakularnego efektu, ale jeśli macie nawracający problem z nieżytem nosa albo białym nalotem na języku, bezsprzecznie warto je jeść. Oregano ma bowiem właściwości przeciwgrzybicze. Sprawdza się zarówno w zastosowaniu zewnętrznym, np. regularne smarowanie paznokcia olejkiem z oregano lub kąpiel w jego naparze, jak i wewnętrznym, np. w diecie, która ma wspierać leczenie kandydozy (drożdżycy).

Udowodniono również, że oregano działa przeciwbakteryjnie i przeciwwirusowo, a zatem sprawdzi się doskonale w początkowej fazie przeziębienia. W postaci inhalacji lub naparu działa kojąco na kaszel i katar. Ten sam napar można z powodzeniem wykorzystywać do higieny jamy ustnej oraz wspomagająco w leczeniu aft i innych zmian w obrębie jamy ustnej.

Listki świeżego oregano i olejek z tej rośliny mają bardzo silne działanie anytyoksydacyjne. Neutralizują wolne rodniki, które są odpowiedzialne m.in. za starzenie się skóry, dlatego znalazły zastosowanie w kosmetologii do redukcji zmarszczek. Nie ma jednej sprawdzonej metody zapobiegania nowotworom, dlatego warto unikać tego, co szkodzi: stresu palenia papierosów, przetworzonej żywności, zanieczyszczenia, nadmiaru czerwonego mięsa w diecie, nadmiernego spożywania tłuszczu itd.
– i włączyć na stałe pozytywne nawyki: umiarkowanie aktywny tryb życia, spożycie warzyw i owoców z zaufanych źródeł, adekwatne spożycie błonnika i włączenie do diety substancji o działaniu antyoksydacyjnym.

PACHNOTKA

Pachnotka, nazywana też perillą lub shiso, jest popularna w Azji. Nie tylko pięknie pachnie, lecz także pozytywnie oddziałuje na organizm. Z uwagi na przeciwhistaminowe działanie olejku eterycznego zawartego w tej roślinie jest polecana w szczególności alergikom. Włączenie shiso do diety w okresie pylenia lub kontaktu z innymi alergenami może być bardzo pomocne w łagodzeniu alergii.

Niewątpliwym atutem tej rośliny jest spora zawartość kwasów tłuszczowych omega-3 i antyoksydantów, które łagodzą stan zapalny w organizmie i przeciwdziałają chorobom cywilizacyjnym. Zarówno kwasy tłuszczowe omega-3, jak i przeciwutleniacze redukują ryzyko powstawania komórek nowotworowych w organizmie. Warto wykorzystać pachnotkę do przygotowania łagodzącego naparu lub lemoniady.

Pachnotkę zbadano też pod kątem niwelowania dolegliwości żołądkowo-jelitowych. W związku z tym, że roślina ta wykazuje działanie rozkurczowe i przeciwzapalne, pokuszono się o sprawdzenie, czy ekstrakt z perilli złagodzi dolegliwości ze strony układu pokarmowego u osób zdrowych. Osoby z grupy, której podawano wyciąg z pachnotki, zdecydowanie mniej skarżyły się na dyskomfort niż z grupy kontrolnej. Być może właśnie dlatego w kuchni azjatyckiej pachnotkę łączy się z sushi i innymi produktami bogatymi w surowe białko.

PIETRUSZKA

Natka pietruszki to jedno z najbardziej popularnych ziół na polskich stołach. Od bardzo dawna ceni się ją nie tylko za charakterystyczny, orzeźwiający smak, lecz także za wiele właściwości prozdrowotnych.

Liście pietruszki zawierają bardzo dużo witaminy C. W 100 g natki znajdziemy około 175 mg kwasu askorbinowego, czyli ponad dwukrotnie więcej niż wynosi minimalne zapotrzebowanie organizmu na ten składnik. Zarówno temperatura, jak i długie przechowywanie natki niszczą ten cenny składnik, dlatego najbardziej wartościowa jest świeżo ścięta, surowa. Zarówno witamina C, jak i inne przeciwutleniacze obecne w tej roślinie zwiększają odporność organizmu, a także pomagają chronić go przed wolnymi rodnikami i tworzeniem się komórek nowotworowych.

Pietruszka jest też bogatym źródłem żelaza o stosunkowo dobrej przyswajalności. Z uwagi na współwystępowanie z witaminą C żelazo niehemowe wchłania się niemal doskonale. W diecie wegetariańskiej i wegańskiej pietruszka powinna pojawiać się tak często, jak to możliwe. W 100 g natki jest aż 5,3 mg żelaza. Dla porównania: w 100 g wołowej polędwicy jest 3,1 mg żelaza. Co ważne, nie ma w niej ani grama cholesterolu, a flawonoidy w niej zawarte pomagają zmniejszyć ryzyko chorób serca. Może zatem stanowić godne, alternatywne źródło żelaza u osób z zaburzonym profilem lipidowym.

Karotenoidy zawarte w natce korzystnie wpływają na stan skóry i determinują prawidłowe funkcjonowanie wzroku. W związku z tym, że karotenoidy potrzebują tłuszczu, aby wniknąć do organizmu, pesto z oliwą i domowy rosół będą świetnym sposobem na włączenie liści pietruszki do diety. Ich intensywnie zielony kolor daje też gwarancję, że znajdziemy w niej mnóstwo magnezu.

ROZMARYN

To bardzo ciekawe zioło pod względem odżywczym. Wykazano, że ekstrakt z rozmarynu ma właściwości przeciwutleniające, przeciwzapalne, przeciwcukrzycowe i przeciwnowotworowe. Zawiera także wiele różnorodnych polifenoli oraz bardzo istotny kwas rozmarynowy w wysokim stężeniu.

Doprawione rozmarynem potrawy oraz napary i lemoniady z tym ziołem wzmagają wydzielanie soku żołądkowego oraz żółci. To z kolei usprawnia proces trawienia dań zasobnych w białka i tłuszcze. Regularne dodawanie rozmarynu do naparów i potraw pomaga pobudzić apetyt. Dodatkowo rozmaryn delikatnie poprawia krążenie, zatem można go stosować wspomagająco w stanach depresyjnych i apatii.

Świeże igiełki rozmarynu zawierają dużo przeciwutleniaczy, które neutralizują wolne rodniki. Dlatego gałązek rozmarynu można używać do ochrony oliwy z oliwek przed jełczeniem, a także własnego organizmu przed szkodliwymi, reaktywnymi formami tlenu. Dieta obfitująca w antyoksydanty przeciwdziała również powstawaniu nowotworów oraz chorób układu sercowo-naczyniowego.

Rozmaryn wzmacnia odporność, dlatego zalecam picie napoju z miodu, cytrusów i rozmarynu, szczególnie w okresie jesienno-zimowym. Obecność w daniach i napojach świeżego rozmarynu pomaga utrzymać organizm w dobrej kondycji.

Według badań brytyjskich naukowców, rozmaryn pomaga w zapamiętywaniu – już sam zapach tego zioła pobudza aktywność mózgu.

RUKIEW WODNA

To przedstawicielka roślin kapustnych, które mają udowodnione działanie przeciwnowotworowe. Wszystko za sprawą związku o nazwie izotiocyjanian fenetylu, który nadaje listkom rukwi wodnej piekący smak i chroni przed powstawaniem oraz namnażaniem komórek rakowych.

W jednym z badań z udziałem palaczy udowodniono, że osoby, które jadły codziennie przez 8 tygodni porcję rukwi wodnej (85 g), miały aż o 20 procent mniej uszkodzeń DNA białych krwinek i około 10 procent większą zdolność pochłaniania reaktywnych form tlenu, czyli wolnych rodników. Zważywszy na fakt, że to tylko niepozornie wyglądająca zielenina, są to bardzo satysfakcjonujące wyniki!

W związku z tym, że rukiew wodna jest kopalnią witamin i składników mineralnych, pozytywnie wpływa także na stan skóry. Witamina C zawarta w jej listkach chroni kolagen, a co za tym idzie zapobiega powstawaniu zmarszczek. Prowitamina A, której jest jej w rukwi naprawdę sporo, pobudza regenerację naskórka i działa silnie antyoksydacyjnie. Pozytywnie wpływa też na wzrok oraz stan włosów i paznokci.

Jak wszystkie warzywa, rukiew wspomaga utrzymanie równowagi kwasowo-zasadowej w organizmie. Mówiąc prostym językiem: jedzenie rukwi neutralizuje negatywne działanie typowo zachodniej diety bogatej w duże ilości białka zwierzęcego i zbóż. Dodatkowo fitozwiązki zawarte w dużych ilościach w rukwi wodnej regulują poziom cholesterolu, obniżając trójglicerydy i LDL, przy jednoczesnym podwyższaniu HDL.

SZAŁWIA

Roślina o bardzo silnych właściwościach antyoksydacyjnych. Świeże liście szałwii z łatwością neutralizują wolne rodniki, dlatego właśnie znajduje ona zastosowanie w technologii żywności. Dodatek listków szałwii do oliwy lub masła chroni kwasy tłuszczowe przed utlenianiem, a co za tym idzie – jełczeniem. Dotyczy to zarówno przechowywania, jak i podgrzewania tłuszczu na patelni.

Olejki eteryczne zawarte w szałwii wykorzystuje się w domowej inhalacji dróg oddechowych. Zabieg taki pomaga w odksztuszaniu i udrażnianiu górnych dróg oddechowych. Napar z szałwii stosuje się także do płukania obolałego gardła, ponieważ ma działanie przeciwbakteryjne.

Szałwia działa antyseptycznie zarówno na skórę, jak i układ pokarmowy. Właśnie dlatego wykorzystuje się ją w kosmetyce, a także w leczeniu objawów trądziku, łuszczycy i grzybicy, a napar zaleca się pić podczas przeziębienia i lekkich zatruć pokarmowych. Szałwia działa zapobiegawczo, ponieważ podnosi odporność organizmu.

Picie szałwii i regularne doprawianie nią potraw może zredukować potliwość: sprawdza się to zarówno przy objawach gorączki, jak i nadczynności tarczycy. Pomaga nie tylko spożywanie szałwii, ale też kąpiele z jej dodatkiem.

Zbawienne bywa doprawianie liśćmi szałwii potraw ciężkostrawnych, takich jak tłuste mięsa, strączki itp. Składniki zawarte w tym ziele pobudzają wydzielanie soków trawiennych, a co za tym idzie – usprawniają trawienie. To dobry patent na zapobieganie wzdęciom i niestrawności. Wykazano, że obecność szałwii w diecie pomaga utrzymać odpowiedni poziom cholesterolu we krwi u pacjentów z hiperlipidemią.

SZCZAW

Liście świeżego szczawiu są cennym źródłem błonnika, folianów, karotenoidów, witaminy C oraz magnezu. Dodatkowo ich niskokaloryczność zachęca do stosowania w diecie odchudzającej. Trzeba jednak pamiętać, że obecne w szczawiu naturalne kwasy pobudzają wydzielanie soku żołądkowego, a co za tym idzie – zwiększają apetyt. Tak czy inaczej, nie należy się wystrzegać tej rośliny, bo jest źródłem bogatym w polifenole i antocyjany, wykazujące działanie antyoksydacyjne. Przeciwutleniacze zawarte w szczawiu zapobiegają powstawianiu komórek nowotworowych.

W liściach tej rośliny znajdziemy także sporo naturalnych garbników. To właśnie one odpowiadają za jego cierpki smak. Garbniki wykorzystuje się do wiązania metali ciężkich oraz jako naturalne remedium na biegunkę. Napar z liści szczawiu lub świeżo wyciśnięty sok z tej rośliny działa ściągająco na śluzówkę jelita. Chociaż szczaw posądza się o powstawianie kamicy nerkowej, warto pamiętać, że tylko u osób predysponowanych, które nie mają zbilansowanej diety, przesadzają z ilością produktów bogatych w szczawiany i piją zbyt mało wody, może wystąpić krystalizacja szczawianowych kamieni nerkowych. Zachowanie umiaru i łączenie produktów bogatych w kwas szczawianowy z produktami zasobnymi w naturalny wapń sprawia, że szczawiany stają się nieprzyswajalne i nie zagrażają zdrowiu nerek. Zupę szczawiową warto zatem zabielać. Można do tego celu użyć jogurtu lub mleka sojowego.

TYMIANEK

Olejek tymiankowy i wyciąg z tymianku od dawna służą do prewencji i leczenia wielu dolegliwości. Także obecnie roślinę tę uprawia się głównie w celach leczniczych i do produkcji suplementów diety. Za intensywny aromat oraz właściwości terapeutyczne tymianku odpowiadają związki organiczne z grupy fenoli. Najważniejsze z nich, czyli tymol i karwakrol, mają właściwości przeciwgrzybicze i przeciwbakteryjne.

W starożytności tymianek stosowano do walki z pasożytami. Do dziś tymol w dawkach terapeutycznych jest do tego przeznaczony. Przebadano także skuteczność olejku eterycznego z tymianku w walce z bakteriami. Oczywiście, stosując to zioło do celów leczniczych, należy pamiętać o starej, dobrej zasadzie: „Wszystko jest trucizną i nic nie jest trucizną – dawka czyni truciznę". Ale doprawiać potrawy można bez obaw. Przedawkowanie tymolu wynikające ze spożycia świeżego tymianku nie jest możliwe. Szczególną uwagę należy jednak zachować, stosując tymiankowy olejek, który jest skoncentrowanym źródłem tego składnika.

Dzięki sporej zawartości witaminy C i innych antyoksydantów, tymianek efektywnie walczy z wolnymi rodnikami, a zatem zmniejsza ryzyko rozwoju wielu chorób cywilizacyjnych, w tym nowotworów, miażdżycy i nadciśnienia tętniczego, a także opóźnia procesy starzenia organizmu.

Bardzo popularnym sposobem wykorzystywania właściwości liści tymianku jest przygotowywanie z nich naparu. Wystarczy zalać wrzątkiem kilka gałązek świeżego tymianku i napar gotowy. Im większa ilość tymianku, tym większa zawartość olejku eterycznego. Po wystudzeniu można do naparu dodać odrobinę miodu oraz sok z cytryny lub pomarańczy. Taki napój świetnie sprawdza się w przeziębieniu i grypie. Pomaga w odksztuszaniu, łagodzi ból gardła i objawy nieżytu nosa. Czystym naparem z tymianku można płukać jamę ustną i włosy! A także przecierać nim skórę – pomaga w łagodzeniu objawów trądziku, także w codziennej pielęgnacji skóry normalnej.

W diecie tymianek stosuje się, aby pobudzić wydzielanie soków żołądkowych, a tym samym ułatwić trawienie. Ciężkostrawne potrawy zawierające większą ilość tłuszczu lub błonnika dobrze jest doprawić właśnie tym ziołem. Dlatego tymianek jest niemal niezastąpionym dodatkiem do serów, grzybów, mięs, ryb, jajek i potraw zawierających strączki.

W rozdziale wykorzystano wyniki badań: https://www.ncbi.nlm.nih.gov/pubmed/

JAK DBAĆ O ZIOŁA

ZIOŁA DONICZKOWE

- Warto kupić rośliny o ładnym, zdrowym wyglądzie, wyprodukowane bez udziału pestycydów i gotowe do spożycia.
- Najlepiej zdjąć foliowy woreczek, by zioła miały miejsce do wzrostu.
- Zioła potrzebują światła, dlatego najlepiej czują się na parapecie okna, zawsze z dala od grzejników.
- Podlewamy je do podstawki, nie do doniczki.
- Korzystajmy z zielnika jak najczęściej, obrywanie liści skutecznie stymuluje wzrost nowych.

ZIOŁA CIĘTE

- Dzięki małym gramaturom nie wymagają długiego przechowywania – możesz je zużyć na raz.
- Większe opakowanie przechowuj w lodówce.
- Możesz przechowywać je w foliowym woreczku lub owinąć w lekko zwilżony papierowy ręcznik.